COMPACT SPICKER

Deutsch

Grammatik

Christoph Haas
Reinhold Zellner

Compact Verlag

Chefredaktion: Evelyn Boos
Redaktion: Astrid Kaufmann
Produktion: Wolfram Friedrich
Gestaltung: Carsten Abelbeck
Umschlaggestaltung: Gabi Spiegl

ISBN 3-8174-7549-7
7275492

Besuchen Sie uns im Internet: www.compactverlag.de

Vorwort 6

Teil 1: Die Wortarten 7

I. Das Substantiv (Hauptwort) 8
1. Das Genus (Geschlecht) des Substantivs 10
2. Der Numerus (Zahl) des Substantivs 13
3. Der Kasus (Fall) des Substantivs 17
4. Die Deklination (Beugung) des Substantivs 19

II. Der Artikel (Geschlechtswort) 34

III. Das Pronomen (Fürwort) 41
1. Das Personalpronomen (persönliches Fürwort) 41
2. Das Reflexivpronomen (rückbezügliches Fürwort) 43
3. Das Possessivpronomen (besitzanzeigendes Fürwort) 44
4. Das Demonstrativpronomen (hinweisendes Fürwort) 47
5. Das Relativpronomen (bezügliches Fürwort) 55
6. Das Interrogativpronomen (fragendes Fürwort) 57
7. Das Indefinitpronomen (unbestimmtes Fürwort) 59

IV. Das Adjektiv (Eigenschaftswort) 61
1. Die Deklination (Beugung) des Adjektivs 64
2. Die Komparation (Steigerung) des Adjektivs 69

V. Das Numerale (Zahlwort) 75

VI. Das Verb (Tätigkeitswort – Zeitwort) 81
1. Die Vollverben 81

2. Die Hilfsverben 85
3. Die Modalverben 89
4. Starke – schwache – unregelmäßige Verben 94
5. Die infiniten Verbformen 106
6. Die finiten Verbformen 109
7. Personal- und Tempusformen im Überblick 125

VII. Das Adverb (Umstandswort) 132
1. Die Lokaladverbien (Umstandswörter des Ortes) 133
2. Die Temporaladverbien (Umstandswörter der Zeit) 134
3. Die Modaladverbien (Umstandswörter der Art und Weise) 135
4. Die Kausaladverbien (Umstandswörter des Grundes) 136
5. Die Pronominaladverbien (Umstandsfürwörter) 137

VIII. Die Präposition (Verhältniswort) 140

IX. Die Konjunktion (Bindewort) 144

X. Die Partikel 147
1. Fokuspartikeln (Partikeln der Hervorhebung) 148
2. Modalpartikeln (Partikeln der Abtönung) 148
3. Gesprächspartikeln 149
4. Interjektionen (Ausrufewörter) 150

Teil 2: Der Satzbau **152**
XI. Die Satzglieder **152**
1. Das Subjekt (Satzgegenstand) 154
2. Das Prädikat (Satzaussage) 157
3. Das Prädikativum 160
4. Das Objekt (Satzergänzung) 161
5. Das Adverbial (Umstandsbestimmung) 166
6. Das Attribut (Beifügung) 170

XII. Die Satzarten **173**

XIII. Satzreihe und Satzgefüge **179**
1. Die Satzreihe 179
2. Das Satzgefüge 180

Register der grammatischen Ausdrücke **187**

Vorwort

Das aktuelle und praktische Nachschlagewerk konzentriert sich auf das Wesentliche und behandelt die Bereiche, die erfahrungsgemäß wichtig sind und dem Lernenden häufig Probleme bereiten.

Die Themen werden übersichtlich und leicht verständlich dargestellt. Eine kurze Einleitung zu Beginn jedes Kapitels gibt Basisinformationen zum jeweiligen Stoffgebiet. Wichtige Regeln, Sonderfälle und Hinweise sind zum leichteren Auffinden durch Symbole und Hervorhebungen gekennzeichnet. Zahlreiche Beispiele veranschaulichen die Regeln.

Erklärung der Symbole:

>!< Dieses Zeichen weist auf eine Regel oder einen Merksatz hin.

Dieses Symbol kennzeichnet wichtige Zusatzinformationen, die für die praktische Verwendung der Regeln hilfreich sind.

Die Beispiele befinden sich auf hellgrauen Spickzetteln.

Teil 1: Die Wortarten

Der gesamte Wortschatz der deutschen Sprache wird in verschiedene Wortarten eingeteilt. Diese Wortarten lassen sich in zwei Gruppen zusammenfassen:

1. die flektierbaren (beugbaren/veränderlichen) Wortarten,
2. die nicht flektierbaren (nicht beugbaren/unveränderlichen) Wortarten.

Zu den flektierbaren Wortarten zählen:
Substantiv (Hauptwort), Artikel (Geschlechtswort), Pronomen (Fürwort), Adjektiv (Eigenschaftswort), Numerale (Zahlwort) und Verb (Tätigkeitswort).

Zu den nicht flektierbaren Wortarten zählen:
Adverb (Umstandswort), Präposition (Verhältniswort), Konjunktion (Bindewort) und Partikel.

>!< – Das Verb wird konjugiert, alle übrigen Wortarten werden dekliniert. Konjunktion und Deklination werden zusammengefasst Flexion (Beugung) genannt.
– Die Konjugation ist bestimmt durch Person, Numerus (Zahl), Tempus (Zeit), Modus (Aussageweise) und Genus Verbi (Aktionsart).
– Die Deklination ist bestimmt durch Genus (Geschlecht), Numerus (Zahl) und Kasus (Fall).

I. Das Substantiv (Hauptwort)

Substantive sind Wörter, die Lebewesen, Gegenstände oder nicht gegenständliche, abstrakte Begriffe bezeichnen können. Sie lassen sich folglich in zwei Hauptgruppen unterteilen: in Konkreta (Gegenstandswörter) und Abstrakta (Begriffswörter). Diese Einteilung erfolgte nach bedeutungsspezifischen Gesichtspunkten. Im Folgenden wird allerdings deutlich werden, dass sich die große Gruppe der Substantive auch nach formalen und funktionalen Gesichtspunkten unterteilen lässt.

Konkreta können sein:
- Eigennamen (1): Substantive, die ein einzelnes Lebewesen oder ein bestimmtes Ding bezeichnen;
- Gattungsbezeichnungen (2): Substantive, die gleich geartete Lebewesen und Dinge bezeichnen;
- Sammelbezeichnungen (3): Substantive, die eine Mehrzahl von Lebewesen, Dingen und Tätigkeiten bezeichnen, die als jeweils abgegrenzte Gesamtheiten gesehen werden;
- Stoffbezeichnungen (4): Substantive, die bestimmte Stoffe und Materialien bezeichnen.

(1) *Mickey Mouse, New York, Matterhorn, Amazonas*
(2) *Mensch, Tier, Pflanze, Fahrzeug, Indianer*
(3) *Gebirge, Gefieder, Dienerschaft, Christenheit*
(4) *Glas, Holz, Eisen, Nylon*

Manche Substantive können sowohl Eigenname als auch Gattungsbezeichnung sein. Gattungsbezeichnungen können sich allerdings auch zu Eigennamen (Familiennamen) entwickeln (1), und umgekehrt können aus Eigennamen Gattungsbezeichnungen entstehen (2):

(1) *Müller, Schreiner, Wagner*
(2) *Sie ist eine Lolita. Er war der Cicero seiner Zeit.*
Sie ist die Callas unseres Jahrzehnts.

>!< Wenn Stoffnamen mit dem (individualisierenden) Artikel oder im Plural verwendet werden, so sind sie Gattungsnamen (1):

(1) *ein Tee, das Salz, Gläser, Hölzer*

Abstrakta sind Substantive, die nicht gegenständliche Begriffe bezeichnen. Diese Begriffe können aus sehr unterschiedlichen Bereichen stammen. Es kann sich um Vorgänge (1), Zustände (2) oder Eigenschaften (3), aber auch um Vorstellungen (4) sowie Maß- und Zeitbegriffe (5) handeln:

(1) *Leben, Laufen, Traum, Spaziergang*
(2) *Jugend, Liebe, Hass, Krieg*
(3) *Klugheit, Tugend, Gesundheit, Kürze*
(4) *Geist, Seele*
(5) *Zentimeter, Ohm, Minute, Dezember*

Manche Substantive können konkret und abstrakt sein. *Jugend* bedeutet konkret *die jungen Menschen*, abstrakt *Zeit des Jungseins*. *Schönheit* bedeutet konkret *ein schöner Mensch*, abstrakt *von schöner Gestalt*.

Substantive werden immer großgeschrieben. Aber nicht alle großgeschriebenen Wörter sind Substantive. Jedes Substantiv ist bestimmbar durch Genus (Geschlecht), Numerus (Zahl) und Kasus (Fall). Charakteristisch für das Substantiv ist, dass es oft mit einem Artikel verbunden auftritt.

1. Das Genus (Geschlecht) des Substantivs

Das Genus eines Substantivs kennzeichnet seine Zugehörigkeit zu den Maskulina (männliche Substantive), Feminina (weibliche Substantive) oder Neutra (sächliche Substantive). Anders als Numerus und Kasus, die vom Satzzusammenhang bestimmt werden, ist das Genus fest an das jeweilige Substantiv gebunden. Das Genus ist am Singularartikel des jeweiligen Substantivs erkennbar (1). Tritt also im Text eine Pluralform auf, so bildet man einfach den Nominativ Singular des betreffenden Wortes und liest am dazugehörigen Artikel das Geschlecht ab.

(1) *Feuerwehrmänner* = maskulin (*der Feuerwehrmann*)
Lehrerinnen = feminin (*die Lehrerin*)
Lineale = neutral (*das Lineal*)

Ist der Artikel für ein Substantiv nicht bekannt, so gelten mit wenigen Ausnahmen folgende wichtige Regeln:

>!< Maskulin (männlich) sind Substantive mit den Endungen *-ig, -ich, -ling, -s* (2) sowie Wörter aus dem Griechisch-Lateinischen mit den Endungen *-ant, -ast, -ent, -ist, -ismus, -or, -us* (3):

(2) *König, Pfirsich, Zwilling, Gips*
(3) *Garant, Gymnasiast, Student, Optimist, Realismus, Transformator, Zirkus.*

>!< Feminin (weiblich) sind Substantive mit den Endungen *-ei, -in, -heit, -keit, -schaft, -ung* (4) und Wörter aus dem Griechisch-Lateinischen mit den Endungen *-anz, -enz, -ie, -ik, -ion, -tät, -sis, -ur* (5):

(4) *Schwärmerei, Nachbarin, Dummheit, Kleinigkeit, Errungenschaft, Erläuterung*
(5) *Toleranz, Präsenz, Materie, Mathematik, Nation, Normalität, Basis, Kultur*

>!< Neutral (sächlich) sind Substantive mit den Endungen *-chen, -lein, -tel, -tum* (6) sowie Wörter aus dem Griechisch-Lateinischen mit den Endungen *-em, -in, -um, -ma, -ment* (7), substantivierte (in die Funktion eines Hauptworts erhobene) Verben (8), Adjektive (9), Adverbien (10) und Präpositionen (11):

(6) *Häschen, Kindlein, Hundertstel, Altertum*
(7) *System, Benzin, Museum, Komma, Firmament*
(8) *das Spielen*
(9) *das Gute*
(10) *das Heute*
(11) *das Jenseits*

Bei zusammengesetzten Substantiven (Komposita) entspricht das Genus des Gesamtwortes dem des Grundwortes (1):

(1) die Haustür, der Firmenklatsch, das Fensterbrett

Bei vielen Substantiven besteht keine Übereinstimmung von Genus und Sexus, von grammatischem und natürlichem Geschlecht. Hierauf weist schon das Vorhandensein der Neutra hin. Nur das Genus der Substantive, mit denen Personen (besonders Verwandtschaftsbeziehungen) und Tiere benannt werden, ist oft mit dem Sexus identisch (1). Aber auch hier gibt es Ausnahmen (2):

(1) *der Sohn, der Vater, die Tochter, der Lehrer, der Stier, die Kuh, die Hündin*
(2) *das Mädchen, das Weib, das Fräulein*

Manche Substantive lauten völlig gleich, unterscheiden sich durch das unterschiedliche Genus aber in ihrer Bedeutung (1). Andere Substantive besitzen ein schwankendes Genus (2). Hierzu zählen nicht wenige Fremdwörter (3), deren deutsches Genus mitunter sogar ihrem Ursprungsgenus zuwiderlaufen kann (4):

(1) *der Junge/das Junge, der Tor/das Tor, der Moment/ das Moment, der See/die See, der Kiefer/die Kiefer*
(2) *der/die Gischt, der/das Spind, der/das Dotter*
(3) *das/der Match, der/das/die Jogurt, der/das Sakko, der/das Cartoon*
(4) *die/der Place de la Liberté*

2. Der Numerus (Zahl) des Substantivs

Der Numerus gibt an, ob das mit einem Substantiv Bezeichnete einmal oder mehrmals vorhanden ist. Singular und Plural können auf verschiedene Arten deutlich gemacht werden: durch unterschiedliche Formen desselben Substantivs (1) oder durch das Hinzufügen eines Artikelwortes (2).

(1) *Haus – Häuser, Frau – Frauen*
(2) *der Schüler – die Schüler, das Segel – die Segel*

Sammelbezeichnungen haben eine pluralische Bedeutung, auch wenn sie im Singular stehen (1).

(1) *Familie, Volk, Menschheit, Mannschaft, Publikum*

Mitunter kann auch der Singular eine Mehrzahl benennen. Dies ist dann der Fall, wenn das im Singular stehende Substantiv verallgemeinernd auf mehrere Lebewesen bzw. Dinge (1) oder auf alle Einzelwesen einer Gattung (2) verweist. Auch wenn ein Substantiv auf eine Mehrzahl von Personen oder Dingen bezogen wird, kann der Singular anstelle des Plurals stehen (3):

(1) *Der Feind ist nicht mehr fern.*
(2) *Der Mensch ist die Krone der Schöpfung.*
(3) *Sarahs Freunde tranken noch ein Glas.*

Es gibt verschiedene Möglichkeiten der Pluralbildung, die unter Punkt 4 auch noch tabellarisch dargestellt werden:

>!< Die Pluralform wird gebildet wie der Singular: In diesem Fall ist nur am Artikel erkennbar, um welchen Numerus es sich handelt (1):

(1) *das Messer – die Messer, der Kaminkehrer – die Kaminkehrer*

>!< Die Pluralform wird gebildet, indem der Stammvokal des Substantivs in den Umlaut gesetzt wird (2):

(2) *der Vater – die Väter, die Mutter – die Mütter, die Tochter – die Töchter*

>!< Die Pluralform wird gebildet, indem an das Substantiv die Endungen *-e, -en, -n, -er, -s* (3) angefügt werden:

(3) *der Freund – die Freunde, der Mensch – die Menschen, die Kabine – die Kabinen, das Brett – die Bretter, der Vati – die Vatis*

>!< Die Pluralform wird gebildet, indem der Stammvokal des Substantivs in den Umlaut gesetzt wird und die Endungen -*e* oder -*er* angefügt werden (4):

(4) *das Floß – die Flöße, das Tuch – die Tücher*

Gleich lautende Substantive ergeben durch unterschiedliche Artikel einen unterschiedlichen Sinn (vgl. S. 12/13) (5):

(5) *der Tor* (Narr) – *das Tor* (Tür)
der Leiter (Führer) – *die Leiter* (Steiggerät)
das Steuer (Lenkrad) – *die Steuer* (Abgabe)

Im Singular gleich lautende Substantive mit unterschiedlichen Bedeutungen können unterschiedliche Pluralformen haben (6):

(6) *die Toren* (Narren) – *die Tore* (Türen)
die Leiter (Führer) – *die Leitern* (Steiggeräte)
die Steuer (Lenkräder) – *die Steuern* (Abgaben)

>!< Eigennamen bezeichnen in der Regel etwas Einmaliges (1). Von ihnen kann nur dann ein Plural gebildet wer-

den, wenn sie auf sämtliche Angehörige einer Familie oder auf mehrere Träger desselben Namens verweisen (2) oder zu Gattungsnamen geworden sind (3).

(1) *Thomas Mann, Frankreich, Venus*
(2) *die Buddenbrooks, die Christians*
(3) *Die Zeppeline gehören in die Frühzeit der Luftfahrt.*

>!< Von Sammelbezeichnungen, die bereits im Singular eine Mehrzahl benennen, wird nur dann ein Plural gebildet, wenn es sich um mehrere Gruppen von Wesen oder Sachen handelt (4). Abstrakta stehen oft nur im Singular, werden aber auch im Plural verwendet (5):

(4) *die Gebirge, die Wälder, die Dienerschaften*
(5) *die Freiheit/die Freiheiten, die Schönheit/die Schönheiten*

>!< Die Bildung des korrekten Plurals von Maß-, Mengen- und Münzbezeichnungen kann Schwierigkeiten bereiten. Wenn Maskulina und Neutra derartiger Bezeichnungen hinter Zahlen, die höher als eins sind, stehen, dann muss man die unveränderte Nominativ-Singular-Form verwenden (1).

Verbindet sich mit der Maß-, Mengen- oder Münzbezeichnung jedoch die Vorstellung des einzeln gezählten Gegenstands, dann muss die jeweilige Bezeichnung flektiert werden (2). Der Plural von Angaben wie *Liter, Meter, Kilometer* u. a. wird bis auf den mit *-n* versehenen Dativ immer ohne Endung gebildet (3). Dasselbe gilt für Maßangaben auf *-el* (4):

(1) *Sie kaufte zwei Dutzend Kohlköpfe. Das Eis kostet fünfzig Cent.*
(2) *Dutzende von Kohlköpfen stapelten sich in ihrem Keller.*
(3) *So viele Zentner Weizen! Er unterstützte die Hungernden mit vielen Zentnern Weizen.*
(4) *die Sechstel, den Sechsteln*

Manche Substantive werden ausschließlich oder fast ausschließlich im Plural verwendet:

Alimente, Amphibien, Eltern, Ferien, Genitalien, Geschwister, Immobilien, Leute, Masern, Memoiren, Niederlande, Pocken, Pretiosen, Shorts, Spesen, Spirituosen, Tropen, Unkosten, Wirren u. a.

3. Der Kasus (Fall) des Substantivs

Das Substantiv tritt im Satz in verschiedenen Formen auf, die Kasus genannt werden. Im Deutschen unterscheidet man vier Fälle: Den Nominativ (1. Fall) erfragt man mit *wer oder was?*, den Genitiv (2. Fall) erfragt man mit *wessen?*, den Dativ (3. Fall) erfragt man mit *wem?*, den

Akkusativ (4. Fall) erfragt man mit *wen oder was?* (1):

(1) *Mein Freund hat mir ein Foto seines neuen Autos gezeigt.*
Frage: *„Wer oder was" hat mir ein Foto gezeigt?*
Antwort: *Mein Freund.* → Nominativ
Frage *„Wen oder was" hat er mir gezeigt?* Antwort: *ein Foto.* → Akkusativ
Frage: *Ein Foto „wessen"?* Antwort: *seines neuen Autos.* → Genitiv
Frage: *„Wem" hat er das Foto gezeigt?* Antwort: *Mir.* → Dativ

>!< Die Fälle weisen auf die verschiedenen Rollen hin, die das Substantiv im Satz spielen kann. Ein Substantiv, das Subjekt ist, steht im Nominativ; ein Substantiv, das Objekt ist, steht im Genitiv, Dativ oder Akkusativ. In welchem Fall ein Substantiv als Objekt steht, wird oft durch das Wort, von dem es abhängig ist, beziehungsweise durch dessen „Rektion" bestimmt. Unter „Rektion" versteht man die Tatsache, dass bestimmte Wörter den folgenden Kasus bestimmen oder „regieren". Nicht verwechseln sollte man die Plural- und die Kasusendung der Substantive (2):

(2) *Auf diesen Bildern sehen Sie unser Hotel.*
Bildern = Plural Dativ
das Bild – die Bilder (-*er* = Pluralendung)
den Bildern (-*n* = Kasusendung)

4. Die Deklination (Beugung) des Substantivs

Bei der Deklination der Substantive unterscheidet man starke, schwache und gemischte Deklination.

Die starke Deklination

Zu dieser Gruppe gehören folgende maskuline, feminine und neutrale Substantive.
Substantive mit:
- Kasusendung *-es/-s* im Genitiv Singular
- möglicher Kasusendung *-e* im Dativ Singular
- Bildung des Nominativ Plural
  - auf *-e, -er, -s*
  - ohne Endung
  - mit Umlaut und mit oder ohne Pluralendungen

Maskulin	Singular		Plural	
1. Nominativ	der Hund	der Lehrer	die Hunde	die Lehrer
2. Genitiv	des Hundes	des Lehrers	der Hunde	der Lehrer
3. Dativ	dem Hund(e)	dem Lehrer	den Hunden	den Lehrern
4. Akkusativ	den Hund	den Lehrer	die Hunde	die Lehrer

>!< Alle femininen Substantive sind im Singular stets endungslos.

Feminin	Singular		Plural	
1. Nominativ	die Mühsal	die Mutter	die Mühsale	die Mütter
2. Genitiv	der Mühsal	der Mutter	der Mühsale	der Mütter
3. Dativ	der Mühsal	der Mutter	den Mühsalen	den Müttern
4. Akkusativ	die Mühsal	die Mutter	die Mühsale	die Mütter

Neutral	Singular		Plural	
1. Nominativ	das Tier	das Kind	die Tiere	die Kinder
2. Genitiv	des Tieres	des Kindes	der Tiere	der Kinder
3. Dativ	dem Tier(e)	dem Kind(e)	den Tieren	den Kindern
4. Akkusativ	das Tier	das Kind	die Tiere	die Kinder

>!< Substantive, die den Nominativ Plural auf *-s* bilden, behalten dieses *-s* in allen Kasus bei, d. h. die vier Pluralkasus unterscheiden sich nicht voneinander (1):

(1) Nominativ: *die Büros*
Genitiv: *der Büros*
Dativ: *den Büros*
Akkusativ: *die Büros*

Die schwache Deklination

Zu dieser Gruppe gehören die maskulinen Substantive, die in allen Fällen außer dem Nominativ Singular die Endungen *-en/-n* haben:

Maskulin	Singular		Plural	
1. Nominativ	der Mensch	der Löwe	die Menschen	die Löwen
2. Genitiv	des Menschen	des Löwen	der Menschen	der Löwen
3. Dativ	dem Menschen	dem Löwen	den Menschen	den Löwen
4. Akkusativ	den Menschen	den Löwen	die Menschen	die Löwen

Nach der schwachen Deklination gebeugt werden auch die femininen Substantive, die im Plural in allen Fällen auf *-en/-n* enden (im Singular sind sie endungslos):

Feminin	Singular		Plural	
1. Nominativ	die Frau	die Blume	die Frauen	die Blumen
2. Genitiv	der Frau	der Blume	der Frauen	der Blumen
3. Dativ	der Frau	der Blume	den Frauen	den Blumen
4. Akkusativ	die Frau	die Blume	die Frauen	die Blumen

Die gemischte Deklination

Zu dieser Gruppe gehören maskuline und neutrale Substantive, die im Singular nach der starken, im Plural nach der schwachen Deklination gebeugt werden.

Maskulin	Singular		Plural	
1. Nominativ	der Dorn	der Muskel	die Dornen	die Muskeln
2. Genitiv	des Dorns	des Muskels	der Dornen	der Muskeln
3. Dativ	dem Dorn	dem Muskel	den Dornen	den Muskeln
4. Akkusativ	den Dorn	den Muskel	die Dornen	die Muskeln

Neutral	Singular		Plural	
1. Nominativ	das Auge	das Bett	die Augen	die Betten
2. Genitiv	des Auges	des Bettes	der Augen	der Betten
3. Dativ	dem Auge	dem Bett(e)	den Augen	den Betten
4. Akkusativ	das Auge	das Bett	die Augen	die Betten

Die Deklination der Eigennamen

Die Deklination der Eigennamen unterliegt besonderen Regeln. Es sind zahlreiche Varianten zu beachten.

Personennamen

>!< Steht der Personenname ohne Artikel, erhält er im Genitiv die Endung *-s* (1). Bilden mehrere Namen einen Eigennamen, so erhält nur der letzte Name im Genitiv die Endung *-s* (2):

(1) *Picassos Bilder*
(2) *die Bilder Pablo Picassos*

>!< Steht der Personenname mit dem Artikel, so bleibt das Substantiv im Genitiv unverändert (1). Steht der Eigenname mit dem Artikel und einem Titel, so erhält der Titel im Genitiv die Endung *-s* (2):

(1) *die Bilder des Pablo Picasso*
(2) *die Operationen des Professors Dr. Sauerbruch*

In der (besonders norddeutschen) Umgangssprache werden Verwandtschaftsbezeichnungen bisweilen wie Eigennamen verwendet. Dann stehen sie ohne Artikel, erhalten im Genitiv ein *-s* (1) und im Dativ und Akkusativ ein *-n* (2) (3).

(1) *In Tantes Wohnung ist ein großes Durcheinander.*
(2) *Der Kuchen schmeckt wie bei Muttern.*
(3) *Ich habe ein Geschenk für Vatern besorgt.*

>!< Hat sich ein männlicher Personenname in einen Gattungsnamen verwandelt, dann erhält er im Genitiv die Endung *-s* (1):

(1) *des Zeppelins, des Nestors*

>!< Endet ein Personenname auf *-s*, *-ß*, *-x*, *-z* oder *-tz*, so ergeben sich verschiedene Möglichkeiten, den Genitiv zu bilden oder zu ersetzen. Wird der Name einem anderen Substantiv, auf das er sich bezieht, vorangestellt, kann der Genitiv durch einen Apostroph ersetzt werden (1). Wird der Name dem Substantiv nachgestellt, muss er mit einem Artikel versehen werden. Dies ist jedoch nicht immer möglich (2).

(1) *Marx' Schriften, Horaz' Poetik, Fritz' Testament*
(2) *die Poetik des Horaz*, aber nicht: *das Testament des Fritz*

☺ Veraltet ist das Anhängen von *-ens* an den vorangestellten Namen (3). Am geläufigsten ist es, Substantiv und nachgestellten Namen durch *von* zu verbinden (4):

(3) *Fritzens Testament, Marxens Schriften*
(4) *das Testament von Fritz, die Schriften von Marx*

>!< Von mehreren Personennamen wird nur der letzte dekliniert (1). Treffen ein artikelloses Substantiv und ein Personenname aufeinander, wird diese Fügung als Einheit begriffen. Daher wird nur der Name dekliniert (2). Dies gilt auch, wenn zwei oder mehr artikellose Substantive vor einem Personennamen stehen (3):

(1) *Klaus Peters Auto, die Gedichte Rainer Maria Rilkes*
(2) *Onkel Ottos Vermögen, Professor Müllers Vorlesung*
(3) *Professor Dr. Selbmanns Segelyacht*

☺ Die Bezeichnung *Herr* wird jedoch immer (4), die Bezeichnung *Frau* und *Fräulein* dagegen nie dekliniert (5). Auch der Titel *Doktor* wird als Teil des Namens nie dekliniert (6):

(4) *die Briefe des Herrn Schmid, Herrn Schmids Briefe*
(5) *die Briefe der Frau Schmid/des Fräulein Schmid, Frau Schmids Briefe/Fräulein Schmids Briefe*
(6) *Frau Doktor/Dr. Kerstens Sprechstunde*

>!< Treffen ein Substantiv mit Artikel oder Pronomen und ein Personenname aufeinander, wird das Substantiv, nicht aber der Name dekliniert (1). Fügt sich an eine solche Konstruktion noch eine Apposition an, so werden das Substantiv und die Apposition dekliniert (2). Treffen ein Artikel, zwei oder mehr Substantive und ein Personenname aufeinander, so wird nur das erste Substantiv dekliniert (3):

(1) *die Schlösser des Königs Ludwig, das Vermögen unseres Onkels Otto*
(2) *die Schlösser des Königs Ludwig des Zweiten*
(3) *die erneute Kandidatur des Vorsitzenden Oberstudienrat Dr. Meyer*

>!< Treffen ein Possessivpronomen (besitzanzeigendes Fürwort), das Substantiv *Herr* und eine Verwandtschaftsbezeichnung aufeinander, so werden *Herr* und die Verwandtschaftsbezeichnung dekliniert (4):

(4) *Der berufliche Erfolg Ihres Herrn Sohnes freut uns von Herzen.*

>!< Treffen ein Name und eine Apposition (Beisatz) aufeinander, so werden beide dekliniert (1):

(1) *die Schriften Friedrichs des Großen*

Geografische Namen

>!< Länder- und Ortsnamen, die ohne Artikel verwendet werden und Neutra sind, erhalten im Genitiv die Endung *-s* (1). In den anderen Fällen sind sie endungslos (2) (3):

(1) *Hessens Ministerpräsident hielt eine kurze Rede. Zahlreiche Waldbrände wüten in Frankreichs Süden.*
(2) *Ich wohne in Hessen.*
(3) *Katrin reist nach Hessen.*

Dies gilt auch, wenn ihnen Präpositionen vorangehen (4). In anderen Fällen als dem Genitiv sind solche Länder- und Ortsnamen endungslos (5):

(4) *Willi wohnt unweit Würzburgs. Auf den Autobahnen innerhalb Deutschlands gibt es keine Geschwindigkeitsbeschränkung.*
(5) *Sie fuhr nach Bayern in Urlaub.*

>!< Enden artikellose Länder- und Ortsnamen auf *-s, -ß, -z, -tz, -x,* so ergeben sich wie bei den Personennamen verschiedene Möglichkeiten, den Genitiv zu bilden oder zu ersetzen. Am geläufigsten ist auch hier die Umschreibung mit *von* (1):

(1) *die Kunstwerke von Florenz, die Parks von Paris*

>!< Geografische Namen, die mit Artikel verwendet werden und Maskulina oder Neutra sind, erhalten im Genitiv meistens *-s* (1). Mitunter wird das *-s* jedoch, besonders bei fremden Namen, weggelassen (2). Enden solche Namen auf *-s, -ß, -z, -tz, -x*, so erhalten sie entweder *-es* oder gar keine Genitivendung (3):

(1) *des Irans, des Balkans, des Mains*
(2) *des Nils/des Nil, des Kongos/des Kongo*
(3) *des Harzes, des Elsass/des Elsasses, des Taunus*

>!< Der Plural von Ländernamen ist selten. Man verwendet ihn, um verschiedene Teilgebiete, Gruppierungen o. Ä. innerhalb eines Landes zu bezeichnen. Er wird wahlweise mit oder ohne *-s* gebildet (1):

(1) *Während des Kalten Kriegs standen die beiden Deutschland/Deutschlands einander feindlich gegenüber.*

>!< Eigennamen von Straßen, Plätzen, Hotels, Gaststätten etc. werden dekliniert. Dies gilt auch dann, wenn sie in Anführungszeichen stehen (1). Soll der Name unverändert bleiben, muss er mit einem erläuternden Substantiv eingeleitet werden (2):

(1) *Mein Freund wohnt in der „Engen Gasse". Die Zimmer im „Schwarzen Löwen" sind immer ausgebucht.*

Die Auslieferung des „Handelsblatts" hat sich verzögert.
(2) *Die Zimmer im Hotel „Schwarzer Löwe" sind immer ausgebucht.*
Die Auslieferung der Zeitung „Handelsblatt" hat sich verzögert.

Diese Regel gilt auch bei den Namen von Schiffen, Büchern, Filmen, Kunstwerken etc. (3). Eingliedrige Namen stehen jedoch mitunter ohne Genitiv-*s* (4):

(3) *Er las immer wieder in den „Räubern"/in dem Drama „Die Räuber".*
(4) *Goethe ist der Autor des „Fausts"/„Faust".*

Völkernamen

>!< Völkernamen werden mit oder ohne Artikel verwendet (1). Die meisten Völkernamen werden schwach dekliniert (2). Völker- und Einwohnernamen, die auf die Ableitungssilbe *-er* enden, werden meistens stark dekliniert (3). Völkernamen, bei denen das *-er* zum Stamm gehört, werden dagegen schwach dekliniert (4). Fremde Völker- und Stammesnamen, die auf einen Vokal enden, können im Genitiv Singular sowie auch im Plural ein *-s* erhalten (5):

(1) *Ich bin Deutscher/ein Deutscher.*
(2) *der Deutsche, des Deutschen, dem Deutschen etc.*
(3) *der Wiener, des Wieners, dem Wiener etc.*
(4) *der Bayer, des Bayern, dem Bayern etc.*
(5) *die Massai/die Massais, die Eskimo/die Eskimos*

Sonderfälle der Deklination

Fremdwörter

Viele Fremdwörter werden nach den gleichen Regeln wie deutsche Substantive dekliniert. Es gibt aber auch zahlreiche Ausnahmen.

>!< Maskulina und Neutra bilden im Singular oft den Genitiv auf *-(e)s*. Dativ und Akkusativ sind endungslos (1). Manche Maskulina bilden Genitiv, Dativ und Akkusativ Singular mit *-(e)n* (2).

(1) *das Fundament, des Fundaments, dem Fundament, das Fundament*
(2) *der Archäologe, des Archäologen, dem Archäologen, den Archäologen*

Feminina sind im Genitiv, Dativ und Akkusativ Singular endungslos (3):

(3) *die Koalition, der Koalition, der Koalition, die Koalition*

Maskulina und Neutra bilden häufig den Plural auf *-e* (1), Maskulina oft auch auf *-(e)n* (2). Mitunter tritt der Umlaut hinzu (3). Fast alle Feminina bilden den Plural auf *-(e)n* (4). Einige wenige Neutra bilden den Plural auf *-ien* (5):

(1) *der Friseur, die Friseure; das Konzert, die Konzerte*
(2) *der Diktator, die Diktatoren; der Ministrant, die Ministranten*
(3) *der Choral, die Choräle; der Kaplan, die Kapläne; der Kanal, die Kanäle*
(4) *die Koalition, die Koalitionen; die Lokomotive, die Lokomotiven*
(5) *das Prinzip, die Prinzipien; das Reptil, die Reptilien; das Mineral, die Mineralien*

Nur vier Fremdwörter bilden den Plural mit *-er* (1). Wörter aus dem Englischen und Französischen sowie Fremdwörter, die auf einen klingenden Vokal enden, bilden den Plural mit *-s* (2):

(1) *das Spital, die Spitäler; das Hospital, die Hospitäler; das Regiment, die Regimenter; der Ski, die Skier*
(2) *das Hobby, die Hobbys* (nicht: *die Hobbies*)*; das Arrangement, die Arrangements; die Metro, die Metros; die Kamera, die Kameras; die Lady, die Ladys; die Party, die Partys*

>!< Einige Fremdwörter aus dem Lateinischen, Italienischen und Griechischen bilden den Plural mit der deutschen Endung *-(e)n* und ersetzen dabei ihre ursprüngliche Pluralendung teilweise oder völlig. Wie bei allen Substantiven, die den Plural auf *-(e)n* bilden, sind die vier Pluralkasus identisch.

*Atlas – die Atlanten, der Atlanten, den Atlanten, die Atlanten (*auch: *Atlasse)*
Drama – die Dramen, der Dramen, den Dramen, die Dramen
Epos – die Epen, der Epen, den Epen, die Epen
Konto – die Konten, der Konten, den Konten, die Konten
Thema – die Themen, der Themen, den Themen, die Themen

>!< Manche Fremdwörter aus dem Griechischen, Lateinischen und Italienischen werden im Deutschen noch mit ihrer ursprünglichen Pluralform verwendet (1). Vor allem Fachtermini aus den verschiedenen Wissenschaftsbereichen passen sich nicht der deutschen Pluralbildung an. Eine weitere deutsche Pluralendung darf ihnen nicht angehängt werden (2).

(1) *das Lexikon, die Lexika; das Cello, die Celli (*aber auch: *Cellos); das Abstraktum, die Abstrakta; der Kasus, die Kasus; das Tempus, die Tempora etc.*
(2) falsch: *die Cellis, die Abstraktas*

Manchmal gibt es auch eine ursprüngliche und eine deutsche Pluralendung, die alternativ zueinander verwendet werden können (3):

(3) *das Komma, die Kommata/die Kommas; das Thema, die Themata/die Themen; das Examen, die Examina/ die Examen*

Abkürzungen

>!< Abkürzungen, die man Buchstabe für Buchstabe spricht, so genannte Buchstabenwörter, werden im Singular in der Regel nicht dekliniert (1). Im Plural können sie dekliniert werden. Dies ist besonders bei Feminina sinnvoll, da sich deren Artikelformen im Singular und Plural nicht unterscheiden (2). Abkürzungen, die man als ganze Wörter ausspricht, auch Silben- bzw. Kurzwörter genannt, werden dagegen immer dekliniert (3):

(1) *der Pkw, des Pkw;* selten: *des Pkws*
(2) *der Pkw, die Pkws; die GmbH, die GmbHs*
(3) *der Akku, des Akkus, die Akkus; der Profi, des Profis, die Profis*

Unterlassung der Deklination

In einigen Fällen wird bei Gattungsnamen die Deklination auch unterlassen:

>!< Bei Wortpaaren, die eine feste Einheit bilden, wird das erste Glied nicht dekliniert (1). Ein allein stehendes Substantiv im Singular, das als Apposition einem Substantiv im Nominativ folgt, wird ebenfalls nicht dekliniert (2). Steht das Substantiv in dieser Konstruktion aber mit dem unbestimmten Artikel oder einem Adjektivattribut, so wird es gebeugt (3). Viele Substantivierungen können wahlweise dekliniert oder nicht dekliniert werden (4):

(1) *die Dramen des Sturm und Drangs.*
(2) *Er ist eine Seele von Mensch.*
(3) *ein Prachtexemplar von einem Tiger, eine seltsame Auffassung von gutem Geschmack*
(4) *Sie war sich ihres guten Deutsch/Deutschs sicher.*

>!< Die Bezeichnungen der Monate werden nicht dekliniert, wenn sie artikellos stehen und ihnen ein Substantiv vorangeht (1). Mitunter wird auch auf das Genitiv-*s* verzichtet (2). Nicht erlaubt ist es, bei den Wochentagen auf das Genitiv-*s* zu verzichten (3). Im Dativ tritt grundsätzlich kein -*e* auf (4):

(1) *Treffen wir uns Anfang Juni?*
(2) *Sie erinnerte sich noch gut dieses Januar/Januars.*
(3) Falsch: *Sie begegneten sich am Abend des übernächsten Donnerstag.* Richtig: *Sie begegneten sich am Abend des übernächsten Donnerstags.*
(4) *im Juni; im September*

II. Der Artikel (Geschlechtswort)

Im Deutschen gibt es zwei Artikel, den bestimmten und den unbestimmten Artikel. Der Artikel dient zur Unterscheidung des Genus der Substantive. Da er flektierbar ist, hilft er bei der Bestimmung der Substantive nach Numerus und Kasus. Der Artikel steht vor dem Substantiv und kann nur in Verbindung mit ihm gebraucht werden. Als Attribute (Beiwörter) verwendete Adjektive (Eigenschaftswörter) und Partizipien (Mittelwörter), die nicht nach dem Substantiv stehen, stellt man zwischen Artikel und Substantiv: *das schöne Mädchen, der tiefe Wald, ein geschundener Ellenbogen*.

Der bestimmte Artikel

Numerus	Kasus	maskulin	feminin	neutral
Singular	1. Nominativ	der	die	das
	2. Genitiv	des	der	des
	3. Dativ	dem	der	dem
	4. Akkusativ	den	die	das
Plural	1. Nominativ		die	
	2. Genitiv		der	
	3. Dativ		den	
	4. Akkusativ		die	

>!< Der bestimmte Artikel bezeichnet etwas eindeutig Bestimmtes oder ein bereits bekanntes Lebewesen bzw.

Ding (1). Er kann das Bezeichnete auch als einmalig ausweisen (2):

(1) *Der Film, von dem ich dir erzählt habe, wird heute im Fernsehen wiederholt.*
Der Hund des Nachbarn bellt den ganzen Tag.
(2) *Die Sonne steht hoch am Himmel. Sie liebt die Natur.*

Der bestimmte Artikel bei Personen und Dingen im Singular kann die gesamte Gattung repräsentieren (3):

(3) *Der Hund ist ein treuer Freund des Menschen.*
Der Koyote bewohnt die Wüstengebiete Nordamerikas.

Im Plural entfällt in diesen Fällen der Artikel (außer im Genitiv) (4):

(4) *Hunde sind treue Freunde der Menschen.*
Koyoten bewohnen die Wüstengebiete Nordamerikas.

Der unbestimmte Artikel

Numerus	Kasus	maskulin	feminin	neutral
Singular	1. Nominativ	ein	eine	ein
	2. Genitiv	eines	einer	eines
	3. Dativ	einem	einer	einem
	4. Akkusativ	einen	eine	einen

>!< Der unbestimmte Artikel existiert nur im Singular. Er bezeichnet etwas Beliebiges oder ein nicht näher bekanntes Lebewesen bzw. Ding (1):

(1) *Ein Hund bellt in der Ferne.*
Auf dem Tisch liegt ein Buch.

Die Verneinung des unbestimmten Artikels ist *kein* (2):

(2) *Auf dem Tisch liegt kein Buch.*

Besonderheiten beim Gebrauch des Artikels

>!< Manche allgemein verwendeten Abstrakta werden ohne Artikel gebraucht (1). Auch Zeitangaben mit Adjektiv, aber ohne Präposition und Bezeichnungen der Wochentage ohne Präposition werden ohne Artikel verwendet (2). Wenn von dem bezeichneten Stoff nur allgemein die Rede ist, werden Stoffnamen ohne Artikel gebraucht (3). Wird der Stoff dagegen genauer bestimmt, steht der Artikel (4):

(1) *Schönheit ist vergänglich. Ich höre gerne Musik.*
(2) *Ich besuche sie nächsten Sommer.*
(3) *Er trinkt gerne Bier.*
(4) *Er trinkt gerne ein kühles Bier.*

Auf den Artikel verzichtet wird auch in einigen Sprichwörtern und allgemeinen Redensarten, zu denen auch die so genannten Paarformeln zählen (1), bei Kommandos, Ausrufen, Fragen u. Ä. (2), in Überschriften, Titeln, Schlagzeilen u. Ä. (3) und in manchen Präpositionalgefügen (4):

(1) *Sie marschierten über Stock und Stein. Selbst bei Wind und Wetter fährt sie mit dem Fahrrad zur Arbeit.*
(2) *Hilfe! Hände hoch!*
(3) *Bundeskanzler zurückgetreten!*
(4) *an Bord gehen, zu Mittag essen, nach Hause fahren, auf Achse sein, in Erinnerungen schwelgen, auf Sand bauen, auf Lager haben*

>!< Personennamen ohne Attribut werden in der Regel ohne Artikel gebraucht (1). Der bestimmte Artikel kann aber notwendig sein, um den Kasus des Namens klarzustellen (2). Der bestimmte Artikel steht zudem bei Namen, die mit einem Adjektiv verbunden sind (3). Der bestimmte oder der unbestimmte Artikel steht bei Personennamen, die zu Gattungsnamen geworden sind (4). Der bestimmte Artikel kann auch stehen, wenn eine Person gemeint ist, von der man annehmen kann, dass sie allgemein bekannt ist (5):

(1) *Hans streichelt seinen Hund.*
(2) *die Poetik des Horaz*
(3) *der gute, alte Wolfgang*
(4) *Er ist der Nestor seiner Partei. Sie ist eine zweite Callas.*

(5) *Der Beckenbauer wird sich über den Spielausgang ganz schön ärgern.*

>!< Geografische Namen ohne Attribut haben meistens keinen Artikel (1). Von dieser Regel gibt es freilich mehrere Ausnahmen (2). Manche Namen werden mit und ohne Artikel verwendet (3).

(1) *Deutschland, Wien, Afrika*
(2) *die Türkei, die Bretagne, der Balkan, die Schweiz, die Niederlande, die Vereinigten Staaten von Amerika, die Sowjetunion, das Elsass, der Libanon u. a.*
(3) *Iran/der Iran, Irak/der Irak*

>!< Der bestimmte Artikel steht immer, wenn der geografische Name von einem Adjektiv, einer Apposition o. Ä. näher bestimmt wird (1). Ist ein geografischer Name zu einem Gattungsnamen geworden, steht ebenfalls der Artikel (2). Die Namen von Bergen, Flüssen, Meeren, Gebäuden, Straßen u. Ä. besitzen immer den bestimmten Artikel (3):

(1) *das alte Wien, das schicke Paris, das Rom der Päpste, das antike Griechenland, das England Heinrichs des Achten*
(2) *Im Mai ist Cannes stets das Mekka der Filmfreunde.*
(3) *die Zugspitze, der Bodensee, die Ostsee, der „Schwarze Löwe“, die Otto-Richter-Straße*

Präpositionen und Artikel können vor Substantiven miteinander verschmelzen (= Kontraktion). Die entstehende kompakte Form enthält dann beide Wortarten. Natürlich wird in diesem Fall kein gesonderter Artikel gesetzt (4):

(4) *in das Haus = ins Haus, in dem Haus = im Haus,*
auf das Dach = aufs Dach, für das Kind = fürs Kind

Bei denjenigen Artikelformen, die mit bestimmten Präpositionen verschmelzen, sodass eine Einheit entsteht, handelt es sich um *dem, den, das* und *der*.

Nur Artikelformen, die nicht betont sind, können mit der vorangehenden Präposition verschmelzen. Da die Kontraktionen von Präposition und Artikel folglich ebenfalls unbetont sind, kann kein erläuternder Relativsatz dem Ausdruck folgen (1). Falsch ist also:

(1) Er liest *im* (richtig: *in dem*) Buch, das er sich letzte Woche aus der Stadtbücherei ausgeliehen hat.

Eine Verschmelzung ist manchmal obligatorisch, d. h. sie kann nicht aufgelöst werden, und manchmal optional (freigestellt).
Obligatorisch ist die Verschmelzung in historisch gewachsenen Verbindungen (2), vor substantivierten Infinitiven (3), bei Datumsangaben (4) und in der Verbindung *am* + Superlativ (5).

(2) *im Großen und Ganzen, sich zur Ruhe legen, aufs Ganze gehen, zum Besten stehen*
(3) *im Kommen sein, beim Lesen stören, am* (umgangssprachlich) *Lernen sein*
(4) *am sechzehnten April, vom dritten auf den vierten Juli*
(5) *am schönsten, am besten, am schnellsten*

Optional ist die Kontraktion vor allem bei nicht feststehenden Verbindungen (6)

(6) *ins Kino* oder *in das Kino*

Auch hier gilt: Die kontrahierte Form tritt auf, wenn die Information keiner näheren Erklärung bedarf; die nicht kontrahierte Form betont den Ausdruck und erfordert oft eine nähere sprachliche Erläuterung (7).

(7) Heute Abend gehen wir *ins* Kino.
Heute Abend gehen wir *in das* Kino, *das letzte Woche neu eröffnet hat.*

Manche Kontraktionen gelten als umgangssprachlich (8), andere als mundartlich oder rein umgangssprachlich (zu erkennen am Apostroph) (9).

(8) *auf, hinterm, unterm, vors* etc.
(9) *auf'm, für'n, gegen's, nach'm* etc.

III. Das Pronomen (Fürwort)

Pronomen können grundsätzlich zwei Funktionen erfüllen: Sie vertreten (1) oder begleiten (2) ein Substantiv. Sie sind deklinierbar.

(1) *Milch ist gesund. Sie enthält viel Kalzium.*
Das Personalpronomen *Sie* vertritt das Substantiv *Milch*.
(2) *Ich trinke jeden Morgen meine Milch.*
Das Possessivpronomen *meine* begleitet das Substantiv *Milch*.

Das Personalpronomen *du* dient im mündlichen und schriftlichen Verkehr als vertrauliche Anrede zwischen Familienmitgliedern, Freunden und jungen Leuten. Das großgeschriebene *Sie* ist eigentlich eine Pluralform. Dennoch dient es auch zur höflichen Anrede einer einzelnen Person.

1. Das Personalpronomen (persönliches Fürwort)

Das Personalpronomen steht stellvertretend für Personen (1):

(1) *Obwohl er alle erdenklichen Anstrengungen unternahm, konnte der Arzt das Leben des Verunglückten nicht retten.*
Das Personalpronomen *er* steht stellvertretend für die Person *Arzt*.

In der 3. Person kann das Personalpronomen sowohl für Personen als auch für Sachen stehen (2):

(2) *Unser Auto gibt neuerdings merkwürdige Geräusche von sich. Es gehört in eine Werkstatt.*
Das Personalpronomen *es* steht für die Sache *Auto*.

Numerus	Kasus	1. Person	2. Person	3. Person		
Singular	1. Nominativ	ich	du	er	sie	es
	2. Genitiv	meiner	deiner	seiner	ihrer	seiner
	3. Dativ	mir	dir	ihm	ihr	ihm
	4. Akkusativ	mich	dich	ihn	sie	es
Plural	1. Nominativ	wir	ihr		sie	
	2. Genitiv	unser	euer		ihrer	
	3. Dativ	uns	euch		ihnen	
	4. Akkusativ	uns	euch		sie	

>!< Da das Personalpronomen stellvertretend für ein Substantiv steht, muss es im Satzgefüge – je nach Funktion – in das entsprechende Genus, den entsprechenden Numerus und Kasus gesetzt werden (3): Diese Übereinstimmung nennt man Kongruenz.

(3) *Der Pilot hat das Flugzeug sicher auf der Rollbahn gelandet.*
Der Pilot = 3. Person maskulin Singular Nominativ = *er*

das Flugzeug = 3. Person neutral Singular
Akkusativ = es
Er hat es sicher auf der Rollbahn gelandet.

2. Das Reflexivpronomen (rückbezügliches Fürwort)

Das Reflexivpronomen steht, wenn sich ein Geschehen auf das Subjekt des Satzes zurückbezieht (1). In diesem Fall sind das Subjekt und das Objekt des Satzes ein und dieselbe Person oder Sache (2):

(1) (2) *Sie schämten sich.*
sie = Subjekt/Personalpronomen
sich = Akkusativobjekt/Reflexivpronomen

Das Reflexivpronomen wird häufig durch das Zusatzwort *selbst* verstärkt (3):

(3) *Sie waren so wütend, dass sie ihrer selbst nicht mächtig waren.*
sie = Subjekt/Personalpronomen
ihrer = Genitivobjekt/Reflexivpronomen
selbst = Verstärkung des Reflexivpronomens

Das Reflexivpronomen kann in allen Kasus – außer dem Nominativ – auftreten. Es bildet nur eine eigene Form – *sich* – in der 3. Person Singular/Plural im Dativ und Akkusativ. Alle anderen Formen stimmen hingegen mit den

Formen des Personalpronomens überein.

Numerus	Kasus	1. Person	2. Person	3. Person
Singular	1. Nominativ	–	–	–
	2. Genitiv	meiner	deiner	seiner ihrer seiner
	3. Dativ	mir	dir	sich
	4. Akkusativ	mich	dich	sich
Plural	1. Nominativ	–	–	–
	2. Genitiv	unser	euer	ihrer
	3. Dativ	uns	euch	sich
	4. Akkusativ	uns	euch	sich

3. Das Possessivpronomen (besitzanzeigendes Fürwort)

Das Possessivpronomen zeigt ein Besitzverhältnis, eine allgemeine Zusammengehörigkeit, Zugehörigkeit oder Verbundenheit an. Es gibt eine adjektivische und eine substantivische Form des Possessivpronomens.

>!< Das adjektivische Possessivpronomen kennzeichnet – als Begleiter des Substantivs – die Besitzverhältnisse (1). Es wird im Singular genauso dekliniert wie der unbestimmte Artikel (2).

(1) *Hast du mir mein Buch wieder zurückgegeben?*
(2) *Meine Frau hat sich einen neuen Pullover gekauft.*

Das Possessivpronomen richtet sich in Genus, Numerus und Kasus nach dem Substantiv, das es begleitet (3):

(3) *Sie lassen gerade das Dach ihres Hauses neu decken.*

Das Possessivpronomen kennzeichnet nicht nur die begleitenden Substantive als Eigentum, vielmehr verweist es häufig auch auf Zugehörigkeitsverhältnisse (4):

(4) *Essen wir doch in unserem Hotel* (= in dem Hotel, in dem wir wohnen).

	1. Person (die von sich selbst spricht)	2. Person (die angesprochen wird)	
		familiär/vertraulich	höflich/distanziert
Singular	mein	dein	Ihr
Plural	unser	euer	

	3. Person (oder Sache, von der gesprochen wird)		
	maskulin	feminin	neutral
Singular	sein	ihr	sein
Plural	ihr	ihr	ihr

Die Deklinationsform des Possessivpronomens hängt in Kasus, Numerus und Genus von seinem Bezugswort ab (Kongruenz). Dabei werden folgende Endungen gebraucht:

	Singular		
	maskulin	feminin	neutral
1. Nominativ	–	-e	–
2. Genitiv	-es	-er	-es
3. Dativ	-em	-er	-em
4. Akkusativ	-en	-e	–

	Plural
	für alle Genera
1. Nominativ	-e
2. Genitiv	-er
3. Dativ	-en
4. Akkusativ	-e

Bei den Endungen *-e, -es* und *-er* kann das *-e-* des Stammes wegfallen (*uns(e)re, uns(e)res* etc.). Bei den Endungen *-em* und *-en* kann das *-e-* des Stammes oder das der Endung entfallen (*unsrem* oder *unserm*).

Das substantivische Possessivpronomen richtet sich in Zahl und Geschlecht nach dem Substantiv, das es vertritt. Man erkennt es daran, dass es mit dem bestimmten Artikel gebraucht und wie ein substantiviertes Adjektiv dekliniert wird (1):

(1) *Er hat die Seinen schon lange nicht mehr gesehen.*
Er hat die Seinigen lange nicht mehr gesehen.

4. Das Demonstrativpronomen (hinweisendes Fürwort)

Das Demonstrativpronomen begleitet oder vertritt ein Substantiv. Es weist mit Nachdruck auf etwas hin, das bereits bekannt ist oder noch näher bestimmt werden soll, d. h. es kann im Text zurückweisende (anaphorische) oder vorausweisende (kataphorische) Funktionen übernehmen.

>!< Das Demonstrativpronomen *der, die, das* hat Hinweischarakter im Sinne von *der da* (und kein anderer). Es hat die meisten Formen mit denen des bestimmten Artikels gemeinsam; es unterscheidet sich vom bestimmten Artikel durch eine stärkere Betonung (1):

(1) *Das Bild gefällt mir.*
(*Das* wird betont = das und kein anderes)

Kasus	Singular			Plural		
	maskulin	feminin	neutral	maskulin	feminin	neutral
1. Nominativ	der	die	das		die	
2. Genitiv	dessen*	deren*	dessen*		deren*/derer*	
3. Dativ	dem	der	dem		denen	
4. Akkusativ	den	die	das		die	

* Die mit Sternchen markierten Formen unterscheiden sich von denen des bestimmten Artikels.

In Sätzen mit *sein* und *werden* steht *das* auch für ein vorangehendes nicht neutrales Substantiv oder für mehrere Substantive (1). Es kann sich in seinem rückweisenden Gebrauch sogar auf ganze Sätze beziehen (2). *Das* steht auch bei unpersönlichen oder unpersönlich eingesetzten Verben (3). *Der, die, das* können durch Adverbien verstärkt werden (4):

(1) *Das ist der Dieb, haltet ihn!*
Wer sind die Leute dort in der ersten Bank? – Das sind die Zeugen der Anklage.
(2) *Morgen picknicken wir in den Bergen, ist das nicht schön?*
Du wirst für den Rest des Nachmittags dein Zimmer nicht verlassen, das dürfte dir wohl klar sein.
(3) *Wie das heute schneit!*
(4) *Kennst du die dort? Der hier trägt die alleinige Schuld.*

Zu beachten ist der Unterschied zwischen *das* und *es*. *Das* bezieht sich auf einen vorhergehenden Satz (5). *Es* bezieht sich auf einen folgenden Satz (6):

(5) *Könntest du mir morgen beim Putzen helfen? Das ist doch selbstverständlich.*
(6) *Es ist selbstverständlich, dass ich dir morgen beim Putzen helfe.*

>!< *Derer* kann verwendet werden, wenn es durch *derjenigen* ersetzt werden kann (1). *Deren* steht meist als vorangestelltes Attribut bei einem Substantiv und verweist zurück (2). *Dessen* wird vor- und zurückweisend verwendet (3). *Deren* und *dessen* können mitunter durch Possessivpronomen ersetzt werden (4):

(1) *Das Haus derer* (derjenigen), *die zu dieser kleinen Sekte gehören.*
(2) *Der Kommissar vernahm die Verdächtigen und deren Angehörige.*
(3) *Sie war dessen, was hier verhandelt wurde, vollkommen überdrüssig. Er hielt die Verdienste dieses Mannes für gewichtiger als dessen Fehler.*
(4) *Er verstand den Mann und dessen/seine Beweggründe.*

>!< Das Demonstrativpronomen *dieser* weist noch entschiedener auf etwas zu Bezeichnendes hin als das Demonstrativpronomen *der* (1). Das Demonstrativpronomen *jener* gibt eine größere räumliche oder zeitliche Distanz an als *dieser* (2). *Dieser* und *jener* werden wie der bestimmte Artikel dekliniert. Sie weisen in allen Fällen im Singular und im Plural dieselben Personalendungen auf. Nur im Nominativ und Akkusativ Singular kann bei *dieses* die Endung *-es* wegfallen, besonders bei substantivischer Verwendung des Pronomens.
In Sätzen mit *sein* und *werden* stehen *dies(es)* und *jenes* auch für ein vorausgehendes nicht neutrales Substantiv

oder mehrere Substantive. Sie können zudem durch Adverbien verstärkt werden (3).

(1) *Dieses Bild gefällt mir.*
(2) *Dieser Berg* (= auf dem wir gerade stehen) *ist höher als jener Berg* (= den wir dort drüben sehen).
(3) *Goethe und Konsalik – dies sind meine Lieblingsschriftsteller. Dies hier ist seine Münzsammlung und jenes dort seine kostbarste Antiquität: eine Uhr aus dem 16. Jahrhundert.*

Kasus	Singular			Plural
	maskulin	feminin	neutral	m./f./n.
1. Nominativ	dieser/jener	diese/jene	dies(es)/jenes	diese/jene
2. Genitiv	dieses/jenes	dieser/jener	dieses/jenes	dieser/jener
3. Dativ	diesem/jenem	dieser/jener	diesem/jenem	diesen/jenen
4. Akkusativ	diesen/jenen	diese/jene	dies(es)/jenes	diese/jene

Will man sich in einem Satz auf zwei unmittelbar zuvor erwähnte Dinge, Tatsachen, Umstände o. Ä. beziehen, so kann man durch die Verwendung von *dieser* und *jener* unmissverständliche Bezüge herstellen: *Dieser* bezeichnet den im vorhergehenden Satz zweitgenannten Begriff, *jener* den erstgenannten (4):

(4) *Winter und Schnee gehören in unseren Breiten untrennbar zusammen. Jener hat schon begonnen, während dieser noch auf sich warten lässt.*

>!< Die Demonstrativpronomen *derjenige, diejenige, dasjenige* werden dann gebraucht, wenn der bestimmte Artikel und die Demonstrativpronomen *der, die, das* formgleich sind und Verwechslungen vermieden werden sollen (1) (2):

(1) *Die Demonstranten, die sich nicht ausweisen konnten, wurden zur Aufnahme ihrer Personalien ins Polizeipräsidium gebracht.*

Ist *die* bestimmter Artikel, so bedeutet dies, dass sich alle Demonstranten nicht ausweisen konnten und ins Polizeipräsidium gebracht wurden.

Die könnte jedoch auch als Demonstrativpronomen verstanden werden, was hieße, dass sich nur einige Demonstranten nicht ausweisen konnten und ins Polizeipräsidium gebracht wurden. In diesem Falle wäre der Gebrauch von *diejenigen* unmissverständlicher, als derjenige von *die* (2):

(2) *Diejenigen Demonstranten, die sich nicht ausweisen konnten, wurden zur Aufnahme ihrer Personalien ins Polizeipräsidium gebracht.*

>!< Das Demonstrativpronomen *derselbe* kennzeichnet die vollständige Identität des Genannten mit einem anderen Bezeichneten (3), das Adjektiv *der gleiche* hingegen

nur eine Ähnlichkeit (4) bzw. eine Identität der Klasse, nicht des Einzelobjekts:

(3) *Ich bin bei meiner Führerscheinprüfung in demselben Auto gefahren wie du.*
(Nämlich in dem Kleinwagen mit dem Kennzeichen Z-XY 1234 = Identität).
(4) *Ich bin bei meiner Führerscheinprüfung in dem gleichen Auto gefahren wie du.*
(Nämlich auch in einem Kleinwagen derselben Marke = Ähnlichkeit).

>!< Statt *derselbe* kann mitunter auch *ein und derselbe* verwendet werden. Dies ist allerdings nur möglich, wenn die Bezugsgröße im Plural steht und kein *Wie*-Vergleich vorliegt (5):

(5) *Hans und Udo lieben schon seit Jahren ein und dasselbe Mädchen.* Aber: *Ich liebe dasselbe Mädchen wie Udo.*

Kasus	Singular		
	maskulin	feminin	neutral
1. Nominativ	derjenige/derselbe	diejenige/dieselbe	dasjenige/dasselbe
2. Genitiv	desjenigen/desselben	derjenigen/derselben	desjenigen/desselben
3. Dativ	demjenigen/demselben	derjenigen/derselben	demjenigen/demselben
4. Akkusativ	denjenigen/denselben	diejenige/dieselbe	dasjenige/dasselbe

Kasus	Plural
	maskulin/feminin/neutral
1. Nominativ	diejenigen/dieselben
2. Genitiv	derjenigen/derselben
3. Dativ	denjenigen/denselben
4. Akkusativ	diejenigen/dieselben

Stehen das Demonstrativpronomen *derjenige* und das Relativpronomen im selben Fall (*derjenige, der* ...), so kann hierfür das verallgemeinernde Relativpronomen *wer/was* stehen (5). Gleich lautende Pronominalformen sollten möglichst vermieden werden (6):

(5) *Diejenigen, die das noch nicht glauben wollen ...*
Wer das immer noch nicht glauben will ...
(6) *Die, die für diesen Vorfall verantwortlich ist ...*
Der, der das gesagt hat ...

Steht vor dem Demonstativpronomen *derselbe* eine Präposition, die mit dem Artikel verschmelzen kann, so kann diese verschmolzene Form vor dem abgetrennten Wortteil *selbe(n)* stehen (7):

(7) *Sie arbeiten in demselben/im selben Büro.*

>!< Das Demonstrativpronomen *selbst, selber* gibt es nur in diesen beiden Formen. Es bringt zum Ausdruck, dass es sich ausschließlich um die genannte Person/Sache handelt. *Selbst* und *selber* stehen immer hinter dem Wort, auf das sie sich beziehen (1):

(1) *Gestern hast du selbst dies noch behauptet! Er ist gestern selbst vorbeigekommen.*

Selbst gehört der gehobenen Sprache, *selber* eher der Alltagssprache an.

Zu unterscheiden ist zwischen dem Pronomen *selbst* und der im Sinne von *sogar* verwendeten Partikel *selbst.* Die Partikel *selbst* steht immer vor dem Wort, auf das sie sich bezieht (2):

(2) *Selbst du hast dies gestern noch behauptet!*

Das Demonstrativpronomen *solcher* kennzeichnet ohne besondere Bedeutungsangabe eine Qualität oder Intensität im Sinne von *so beschaffen, so groß* (1). Umgangssprachlich kann es durch *so* ersetzt werden (2):

(1) *eine solche Arbeit* (2) *so eine Arbeit*

Das Demonstrativpronomen *ein solcher, eine solche, ein solches* wird dekliniert wie die Kombination unbestimmter Artikel + Adjektiv (3):

(3) *Ein solches Theater!*

Die Form *solch* wird nicht dekliniert. Sie steht vor einem meist neutralen Substantiv (4) und vor einem als Attribut verwendeten Adjektiv (5). Sie steht auch vor dem unbestimmten Artikel als Ersatz für *solcher* (6):

(4) *Solch Wetter haben wir hier selten.*
(5) *Solch schönes Wetter haben wir hier selten.*
(6) *Solch ein Theater!*

5. Das Relativpronomen (bezügliches Fürwort)

Das Relativpronomen steht als Einleitung eines Relativsatzes stellvertretend für ein Bezugswort des Hauptsatzes (1). Es stimmt mit diesem Bezugswort in Genus und Numerus überein, richtet sich aber im Kasus nach seiner Funktion im Nebensatz (= Relativsatz) (2). Die Relativpronomen sind: *der*, *die*, *das* und *welcher*, *welche*, *welches*. Letztere wirken heute etwas umständlich (3).

(1) (2) *Der Vorschlag, den du mir gemacht hast, ist unsinnig.*
(3) (2) *Der Vorschlag, welchen du mir gemacht hast, ist unsinnig.*

Das Relativpronomen *den* steht hier stellvertretend für das Wort *Vorschlag* als Einleitung eines Relativsatzes. Das Relativpronomen stimmt in Genus und Numerus mit diesem

Wort überein (*der Vorschlag* = maskulin Singular), nicht aber im Kasus (*Vorschlag* = Nominativ, den = Akkusativ).

>!< Für die Kasusbestimmung des Relativpronomens ist ausschließlich seine Funktion im Relativsatz ausschlaggebend, nicht die des Bezugsworts im übergeordneten Satz.

Kasus	Singular			Plural
	maskulin	feminin	neutral	m./f./n.
1. Nominativ	der/welcher	die/welche	das/welches	die/welche
2. Genitiv	dessen/dessen	deren/deren	dessen/dessen	deren/deren
3. Dativ	dem/welchem	der/welcher	dem/welchem	denen/welchen
4. Akkusativ	den/welchen	die/welche	das/welches	die/welche

Im Genitiv Singular feminin sowie im Genitiv Plural aller drei Genera kann statt *deren* auch *derer* stehen (4):

(4) Die expressive Sprache, *deren/derer* sich der Autor bedient, kennt keine Parallelen.

Neben den Relativpronomen *der* und *welcher* gibt es noch die verallgemeinernden Relativpronomen *wer/was* (5). Sie werden wie die Interrogativpronomen *wer/was* dekliniert:

(5) *Wer kein Geld hat, muss sparen.* (Derjenige, der ...)
Was sich liebt, neckt sich.

6. Das Interrogativpronomen (fragendes Fürwort)

Das Interrogativpronomen fragt nach einer Person, einem Tier, einer Sache oder nach einem Begriff.

>!< Das Interrogativpronomen *wer?* fragt nach Personen (1), *was?* fragt nach Sachen und Begriffen (2). Es spielt keine Rolle, ob es sich bei dem Erfragten um eine oder mehrere Personen/Sachen handelt (3). Da die Interrogativpronomen *wer/was?* immer allein stehen, sind sie unabhängig von Genus und Numerus der erfragten Personen/Sachen (4):

(1) (3) (4) *Wer kommt heute zu Besuch? (der Freund, die Freundinnen, das Nachbarskind, die Kollegen?)*
(2) (3) (4) *Was hast du gekauft? (eine Hose, ein Hemd, Bücher?)*

Kasus	Singular/Plural	
	maskulin/feminin	neutral
1. Nominativ	wer?	was?
2. Genitiv	wessen?	wessen?
3. Dativ	wem?	–
4. Akkusativ	wen?	was?

In der Standardsprache wird die Kombination Präposition + *was* durch das entsprechende Pronominaladverb ersetzt (5):

(5) *An was denkst du? – Woran denkst du?,*
Auf was hoffst du noch? – Worauf hoffst du noch?,
Über was spricht er heute? – Worüber spricht er heute?

>!< Das Interrogativpronomen *welcher?, welche?, welches?* fragt nach bestimmten Personen, Tieren, Sachen oder Begriffen aus einer Gruppe gleicher oder ähnlicher Personen oder Sachen und Begriffe (1). Es kann allein stehen oder attributiv (als Beifügung) gebraucht werden (2). In attributivem Gebrauch richtet es sich in Genus, Numerus und Kasus nach der erfragten Person/Sache (3):

(1) (2) (3) *Welches Buch liest du gerade?*
(*Buch* = neutral Singular Akkusativ,
welches = neutral Singular Akkusativ)
(3) *Ralf geht jetzt in die Schule. – In welche Schule?*
(*Schule* = feminin Singular Akkusativ,
welche = feminin Singular Akkusativ)

Das neutrale *welches* unterscheidet nicht nach Genus und Numerus der erfragten Person/Sache (4):

(4) *Welches ist dein Hund / deine Tasche / dein Buch?*
Welches sind deine Bücher?

Unverändert bleibt das Pronomen *welch nur* in der Kombination *welch ein* bzw. *welch* + Adjektiv (Eigenschaftswort). Dies ist vor allem in Ausrufen der Fall (5):

(5) *Welch ein Drama! Welch schönes Kind!*

Kasus	Singular			Plural
	maskulin	feminin	neutral	m./f./n.
1. Nominativ	welcher	welche	welches	welche
2. Genitiv	welches/ welchen	welcher	welches/ welchen	welcher
3. Dativ	welchem	welcher	welchem	welchen
4. Akkusativ	welchen	welche	welches	welche

>!< Die Wendung *was für ein?* fragt nach einer besonderen Eigenschaft oder einem besonderen Merkmal eines Objekts oder einer Person (1). Dekliniert wird innerhalb dieses Ausdrucks nur *ein*. Mit einem Substantiv wird *ein* dekliniert wie der unbestimmte Artikel (2). Allein stehend wird *ein* wie ein Adjektiv ohne Artikel (3) dekliniert. Im Plural fehlt *ein* (4):

(1) (2) *Was für einen Tabak rauchst du?*
(1) (3) *Ich habe Tabak gekauft. Was für einen?*
(1) (4) *Was für Zigaretten rauchst du?*

7. Das Indefinitpronomen (unbestimmtes Fürwort)

Indefinitpronomen bezeichnen Personen, Tiere, Sachen oder Begriffe in einer allgemeinen, unbestimmten Weise, wenn diese nicht näher bestimmt werden können bzw. sollen. Sie können als Stellvertreter (1) und zum Teil auch als Begleiter (2) von Substantiven gebraucht werden.

(1) *Etwas* stimmt nicht.
Die Rechnung stimmt nicht.
(2) *Mehrere Zeugen* bestätigen den Tathergang.

Zu den Indefinitpronomen zählen:

einer, irgendein(er), irgendwer / einige, etliche, mehrere, viele / man, manch(er) / jeder, jedermann, jeglicher, jedweder, sämtliche, alle / wenige, kein(er), niemand, jemand / beide, ein paar / etwas, ein bisschen, nichts, all

Die Indefinitpronomen *man, ein paar, etwas, nichts, all* werden nicht dekliniert (3). Die übrigen Indefinitpronomen werden meist dekliniert wie ein Adjektiv ohne Artikel (4):

(3) (4) *Man sagt, jeder wäre seines Glückes Schmied.*

IV. Das Adjektiv (Eigenschaftswort)

Die Hauptaufgabe des Adjektivs ist es, Personen, Gegenständen oder Geschehnissen bestimmte Eigenschaften zuzuschreiben. Es charakterisiert (1) oder beurteilt (2) Lebewesen, Sachen, Sachverhalte oder Umstände bzw. registriert Zustände oder Zustandsveränderungen (3). Adjektive können meist gesteigert werden (4):

(1) *ein alter Mann*
(2) *ein herzloser Mensch*
(3) *Das Bier ist schal.*
(4) *Er ist älter als seine Schwester.*

Manche Adjektive können im Auslaut mit oder ohne *-e* stehen (5). Dadurch, dass man das *-e* setzt oder nicht setzt, lassen sich feine stilistische Unterschiede erzielen. Je nachdem um welches Wort es sich handelt, kann das Fehlen oder Vorhandensein des *-e* das Adjektiv entweder volkstümlicher (6) oder gewählter (7) klingen lassen:

(5) *leis, leise; feig, feige; mild, milde; dick, dicke*
(6) *Sei doch nicht so feig! Der macht sich vielleicht dicke!*
(7) *Ich halte ihn für ziemlich feige.*

>!< In seiner Funktion als Attribut (Beifügung) stimmt das Adjektiv mit dem Substantiv, das es begleitet oder vertritt, in Genus, Numerus und Kasus überein (1):

(1) *Das ist die Haltung eines alten Mannes.*
Mannes/alten = maskulin Singular Genitiv

>!< In seiner Funktion als Prädikativum (2) (Eigenschaftsangabe) oder Adverbial (3) (Umstandsangabe) bleibt das Adjektiv unverändert (4):

(2) (4) *Das Bier ist schal. Die Milch wurde sauer.*
(3) (4) *Die Blumen duften angenehm.*

Auch in dichterischer und volkstümlicher Sprache (5), in der Sprache der Werbung und der Presse (6) sowie in festen Wendungen und Sprichwörtern (7) wird das Adjektiv mitunter unverändert gebraucht. Hier kann es zudem hinter dem Substantiv, auf das es sich bezieht, stehen. Weitere unflektierte Adjektive findet man in Verbindung mit Personen- oder Ortsnamen, bei letzteren oft mit Bindestrich angebunden (8). In der Standardsprache ebenfalls ungebeugt bleiben bestimmte Farbadjektive fremder Herkunft (9):

(5) *Ein garstig Lied!*
(6) *Jetzt trinken: Orangensaft pur!*
(7) *auf gut Glück versuchen, ruhig Blut bewahren*
(8) *klein Erna, halb Deutschland, Alt-Wien, Neustrelitz*
(9) *ein rosa Kleid, der lila Pullover*
(neben umgangssprachlich:)
ein rosanes Kleid, der lilane Pullover

>!< Ob es sich um ein Adjektiv in adverbialem Gebrauch oder um ein Adverb handelt, kann am einfachsten durch Substantivierung des zugehörigen Verbs entschieden werden: Ist dem substantivierten Verb ein entsprechendes Adjektiv zuzuordnen, handelt es sich um ein adverbial gebrauchtes Adjektiv (1); ist dies nicht der Fall, handelt es sich um ein Adverb (2):

(1) *Sie singen laut.* Ein lauter Gesang
(2) *Sie singen nie.* Ein ... Gesang

Nicht alle Adjektive können zugleich attributiv, prädikativ und adverbial verwendet werden. Manche Adjektive können nur attributiv (1) oder nur prädikativ (2) verwendet werden:

(1) *der obere Pfeiler, die linke Tänzerin, der nächtliche Besuch*
(2) *Du bist schuld. Sie ist es leid. Simone ist wieder fit.*

Andere Adjektive können nur attributiv und prädikativ, nicht aber adverbial (3) oder nur attributiv und adverbial, nicht aber prädikativ verwendet werden (4):

(3) *Der Tierarzt untersucht die trächtige Kuh.*
Die Kuh ist trächtig.
Sie zog ihr weißes Kleid an. Das Kleid war weiß.

(4) *Stets hatte er alles unter völliger Kontrolle. Ich vertraue ihm völlig.*
Die Zeitschrift erscheint in Zukunft monatlich.
Das monatliche Erscheinen der Zeitschrift ist zu begrüßen.

1. Die Deklination des Adjektivs

Man unterscheidet eine starke und eine schwache Deklination der Adjektive. Die Formen der starken Deklination entsprechen denen des Demonstrativpronomens *dieser/jener*. Ausnahme ist der Genitiv Singular maskulin/neutral: Hier ist die Endung *-en*.

>!< Ein Adjektiv wird stark dekliniert, wenn es allein vor dem Substantiv steht (2):

(1) (2) *gute Verhältnisse*

Gleichfalls stark dekliniert wird ein Adjektiv nach den endungslosen Formen *manch*, *welch*, *solch*, *wenig*, *viel*, *mehr* und *etwas* sowie nach endungslosen Zahladjektiven.

Meist stark dekliniert werden Adjektive auch nach den Pluralformen *wenige*, *manche*, *einige*, *etliche*, *viele*, obwohl diese nicht endungslos sind.

Die schwache Deklination hat (mit wenigen Ausnahmen) in allen Kasus die Endung *-en* (1):

(1) *nach einem guten Essen*

Ausnahme: Der Nominativ Singular aller drei Genera des Adjektivs (2) und der Akkusativ Singular feminin/ neutral (3) haben die Endung *-e*:

(2) *der gute Wein, die gute Seele, das gute Buch*
(3) *Du betrachtest das gute Buch. Er sucht seine neue Hose.*

>!< Ein Adjektiv wird schwach dekliniert, wenn es nach dem bestimmten Artikel (4) oder nach einem deklinierten Pronomen steht (z. B. nach *dieser, jener, jeder; derselbe; einer, meiner, welcher)* (5):

(4) *die guten Verhältnisse*
(5) *desselben guten Essens*

Bei den Demonstrativpronomen *dieser* und *jener* sowie bei *jeder* ist *-er* Flexionsendung (6). Bei den Possessivpronomen *unser, euer* gehört *-er* zum Stamm (7). Folglich ist auch der Deklinationstyp ein jeweils anderer:

(6) schwache Deklination	(7) starke Deklination
dieser große Mann	*unser großer Mann*

Adjektive innerhalb von direkt angeschlossenen Appositionen werden stark dekliniert, wenn sie auf Personalpronomen folgen, denn Personalpronomen haben keine das Substantiv determinierenden Endungen. Allerdings treten im Dativ Singular (1) sowie im Nominativ Plural (2) Schwankungen auf.

(1) *mir alten Frau,* neben: *mir alter Frau*
(2) *wir verrückten Hühner,* selten: *wir verrückte Hühner*

Starke und schwache Deklination des Adjektivs:

Singular		
Kasus	stark	schwach
	maskulin	maskulin
1. Nominativ	tiefer Schlaf	der große Mann
2. Genitiv	(statt) tiefen Schlaf(e)s	des großen Mannes
3. Dativ	(in) tiefem Schlaf(e)	dem großen Mann(e)
4. Akkusativ	(für) tiefen Schlaf	den großen Mann
Kasus	feminin	feminin
1. Nominativ	lange Reise	die große Frau
2. Genitiv	(statt) langer Reise	der großen Frau
3. Dativ	(nach) langer Reise	der großen Frau
4. Akkusativ	(für) lange Reise	die große Frau
Kasus	neutral	neutral
1. Nominativ	hohes Alter	das große Kind
2. Genitiv	(statt) hohen Alters	des großen Kindes
3. Dativ	(in) hohem Alter	dem großen Kind(e)
4. Akkusativ	(für) hohes Alter	das große Kind

Kasus	Plural	
	stark	schwach
	maskulin/feminin/neutral	
1. Nominativ	große Männer/Frauen/Kinder	die großen Männer/Frauen/Kinder
2. Genitiv	großer Männer/Frauen/Kinder	der großen Männer/Frauen/Kinder
3. Dativ	großen Männern/Frauen/Kindern	den großen Männern/Frauen/Kindern
4. Akkusativ	große Männer/Frauen/Kinder	die großen Männer/Frauen/Kinder

>!< Nach *kein, keine, kein*, dem unbestimmten Artikel *ein, eine, ein* sowie dem Possessivpronomen *mein, dein, sein* usw. wird das Adjektiv teils stark und teils schwach dekliniert. Man spricht hier von einer gemischten Deklination.

Die gemischte Deklination des Adjektivs:

Kasus	Singular		
	maskulin	feminin	neutral
1. Nominativ	mein großer Mann	meine große Frau	mein großes Kind
2. Genitiv	meines großen Mannes	meiner großen Frau	meines großen Kindes
3. Dativ	meinem großen Mann(e)	meiner großen Frau	meinem großen Kind(e)
4. Akkusativ	meinen großen Mann	meine große Frau	mein großes Kind
Kasus	Plural		
	maskulin/feminin/neutral		
1. Nominativ	meine großen Männer/Frauen/Kinder		
2. Genitiv	meiner großen Männer/Frauen/Kinder		
3. Dativ	meinen großen Männern/Frauen/Kindern		
4. Akkusativ	meine großen Männer/Frauen/Kinder		

Mehrere aufeinander folgende Adjektive werden im modernen Sprachgebrauch gleich dekliniert (1):

(1) *die vielen guten Freunde, mit vielen guten Freunden*

Dies gilt im Gegensatz zur früheren Regel auch dann, wenn das Substantiv und das ihm unmittelbar vorangehende Adjektiv eine Einheit bilden. Daneben ist es auch möglich, im Dativ Singular maskulin und neutral das zweite Adjektiv schwach zu beugen. Ob dieses dabei eine Einheit mit dem Substantiv bildet, spielt keine Rolle (2).

(2) *Mit rotem griechischem Wein stießen wir auf unseren Erfolg an.*
neben:
Mit rotem griechischen Wein stießen wir auf unseren Erfolg an.

Im Dativ Singular feminin müssen jedoch grundsätzlich beide Adjektive stark gebeugt werden (3):

(3) auf trockener roter Erde

Einige Adjektive weisen in der Deklination einen Buchstabenausfall auf. Wenn Adjektive auf *-el, -abel* und *-ibel* als Attribute verwendet werden, verlieren sie das *-e* ihrer Endsilbe (4). Das Gleiche gilt für Adjektive mit Diphthong (Doppellaut) vor *-er* (5):

(4) *sensibel – ein sensibler Mensch, dunkel – ein dunkles Kleid, spendabel – ein spendabler Gastgeber*
(5) *teuer – ein teures Auto*

>!< Substantivierte (in die Funktion eines Hauptworts erhobene) Adjektive und Partizipien werden meist wie Adjektive dekliniert. Nach endungslosem Pronomen und endungslosem unbestimmtem Artikel werden sie stark dekliniert (1). Nach Pronomen mit Flexionsendung bzw. dem bestimmten Artikel werden sie schwach dekliniert (2):

(1) stark:	*ein Geächteter;*	*manch Kranker*
(2) schwach:	*der Geächtete;*	*mancher Kranke*

2. Die Komparation (Steigerung) des Adjektivs

Mittels der Komparation kann eine durch das Adjektiv vorgenommene Charakterisierung oder Beurteilung abgestuft oder in Vergleich gesetzt werden. Man unterscheidet drei Stufen:
den Positiv (Grundstufe) (1), den Komparativ (1. Steigerungsstufe) (2) und den Superlativ (2. Steigerungsstufe/Höchststufe) (3):

(1) Positiv:	*Die Zugspitze ist ein hoher Berg.*
(2) Komparativ:	*Der Mont Blanc ist höher als die Zugspitze.*
(3) Superlativ:	*Der höchste Berg ist der Mount Everest.*

>!< Die Steigerungsformen des Adjektivs werden wie folgt gebildet:

Komparativ	Superlativ
Endung *-er* (4) oder: Umlaut + Endung *-er* (5)	Endung *-(e)st* (6) oder: Umlaut + Endung *-(e)st* (7)

Komparativ	Superlativ
(4) *weiter/geringer*	(6) *der weiteste .../ der geringste ...*
(5) *härter/länger*	(7) *der härteste .../ der längste ...*

Bestimmte Gradangaben können den Komparativ verstärken (1) oder ihn verneinen (2):

(1) *Ich kann viel/bedeutend/wesentlich etc. schneller rennen als du.*
(2) *Paul ist nicht weniger/minder hilfsbereit als Martin.*

>!< Ob bei der Bildung des Superlativs *-st* oder *-est* verwendet wird, liegt am Auslaut und der Silbenzahl des Adjektivs. Einsilbige oder an ihrem Ende betonte mehrsilbige Adjektive auf *-d, -s, -sch, -sk, -ß, -t, -x* und *-z* bilden den Superlativ mit *-est* (1).

(1) *wild – wildeste, barsch – barscheste, schwarz – schwärzeste*

Das Gleiche gilt für Adjektive auf *-los* und *-haft* (2). Die Adjektive auf *-d, -t* und *-sch* stehen mitunter auch ohne *-e* (3).

(2) *makellos – makelloseste, gewissenhaft – gewissenhafteste*
(3) *wildste, barschste, buntste*

Adjektive, die auf einen Diphthong, einen Diphthong und *-h* oder einen Vokal und *-h* enden, bilden den Superlativ meistens mit *-st*, mitunter auch mit *-est* (1). Alle anderen Adjektive bilden den Superlativ mit *-st* (2):

(1) *schlau – schlauste/schlaueste, frei – freiste/freieste, froh – frohste/froheste*
(2) *klug – klügste, dumm – dümmste, verwegen – verwegenste*

Bei Adjektiven mit der Endung *-el, -abel* und *-ibel* fällt das *-e* vor der Komparativendung weg (1). Das Gleiche gilt für Adjektive, die einen Diphthong vor der Silbe *-er* besitzen (2). Bei Adjektiven auf *-er* und *-en* kann das *-e* der Endsilbe erhalten bleiben. Oft wird es aber weggelassen (3):

(1) *dunkel – dunkler – am dunkelsten, spendabel – spendabler – am spendabelsten, sensibel – sensibler – am sensibelsten*

(2) *teuer – ein teureres Kleid*
(3) *ein heiterer Anblick/ein heitrerer Anblick*

Die Adjektive *hoch* und *nahe* verändern den Konsonanten (Mitlaut) (4):

(4) *hoch – höher – der höchste*
nahe – näher – der nächste

Einige Adjektive bilden die Formen der Komparation sowohl mit der Endung *-er* bzw. *-(e)st* als auch mit völlig neuem Wortstamm (5):

(5) *gut – besser – am besten*
viel – mehr – am meisten
wenig – weniger – am wenigsten; aber auch:
wenig – minder – am mindesten

Bei zusammengesetzten Adjektiven gibt es zwei Möglichkeiten der Komparation:

Hat jedes der beiden Teile des Adjektivs seinen eigenständigen Sinn bewahrt, so wird das Bestimmungswort in die Komparationsform gesetzt (6):

(6) *schwer verständlich – (noch) schwerer verständlich – am schwersten verständlich*

>!< Ergibt ein zusammengesetztes Adjektiv einen neuen einheitlichen Begriff, so wird das Grundwort in die Komparationsform gesetzt (7):

(7) *dummdreist – dummdreister – am dummdreistesten*

>!< Auf keinen Fall dürfen beide Teile des Adjektivs in die Komparationsform gesetzt werden (8):

(8) Richtig: *weit reichender/weiter reichend*
Falsch: *weiter reichender*

Komparative werden wie einfache Adjektive flektiert. Dasselbe gilt für Superlative, mit der Einschränkung, dass diese im Allgemeinen auch in nicht attributiver Funktion keine flexionslosen Formen besitzen (1). Eine Ausnahme bildet die Form *allerliebst* (2):

(1) *Dieses Bild ist das schönste.*
(2) *Der Teddy ist allerliebst.*

Eine Sonderform des Superlativs ist der Elativ. Er stimmt formal mit dem Superlativ überein, hat aber absolute Bedeutung, d. h. der Vergleich, eigentlich das grundlegende Prinzip der Komporation, fehlt.

Jeder kleinste Fehler muss vermieden werden.
Wir verwenden nur beste Zutaten.

Man kann von Adjektiven keine Komparationsformen bilden, wenn die von ihnen bezeichneten Eigenschaften nicht abstufungsfähig sind oder bereits die Höchststufe ausdrücken. Nicht mehr abstufungsfähige Adjektive sind beispielsweise (1):

(1) *lebendig, tot, schwarz, weiß, hölzern, stumm, halb, ganz, maximal, absolut, erstklassig usw.*

Nicht verwechselt werden sollte der Gebrauch von *wie* und *als*. *Wie* steht bei Gleichheit (2), *als* bei Unterschiedlichkeit (3):

(2) *Ich bin schon so groß wie du.*
(3) *Ich bin kleiner/größer als du.*

V. Das Numerale (Zahlwort)

Numeralien können verschiedenen Wortarten angehören. Häufig sind sie Adjektive, Substantive oder Adverbien.

Die Kardinalzahlen (Grundzahlen)

Kardinalzahlen geben Antwort auf die Frage: Wie viele?

>!< Nur die Kardinalzahl *eins* wird in allen Kasus dekliniert (1):

(1) *Martin musste nur einen Aufsatz schreiben.*
Am liebsten las er die Märchen aus Tausendundeiner Nacht.

>!< Die Kardinalzahlen *zwei* und *drei* werden im Genitiv Plural dekliniert, wenn sie alleine vor dem Substantiv stehen (2):

(2) *Wir waren nur aufgrund zweier/dreier Faktoren erfolgreich.*

>!< Die Kardinalzahlen *zwei* bis *zwölf* haben im Dativ die Endung *-en*, wenn sie ohne Substantiv stehen (3):

(3) *Dieses Kartenspiel muss man zu Vieren (zu viert) spielen.*

>!< Die Kardinalzahlen *hundert* und *tausend* können als Substantive auftreten und werden dabei in der Regel stark dekliniert (4). Im Nominativ und Akkusativ Plural können sie allerdings nach einem Begleitwort auch unflektiert auftreten:

(4) *Mehrere tausend/Tausend nahmen an der Demonstration teil. Es waren hunderte* (auch: *Hunderte) von Leuten da.*

Meist werden *hundert* und *tausend* aber attributiv gebraucht. Dann schreibt man sie klein (5):

(5) *tausend gute Wünsche, hundert Rätsel, vier von hundert.*

>!< Die Kardinalzahlen *Million*, *Milliarde*, *Billiarde* sind Zahlsubstantive und werden stark dekliniert (6):

(6) *Dieses Fußballspiel haben gestern Millionen von Leuten gesehen.*

Die Ordinalzahlen (Ordnungszahlen)

Die Ordinalzahlen bezeichnen immer eine bestimmte Reihenfolge (1).

>!< Ordinalzahlen werden gebildet, indem man an die Kardinalzahlen 1–19 ein *-te* (Ausnahme: *erste*, *dritte*, *sie-*

bente/siebte, *achte*, nicht: *achtte*) und an die Kardinalzahl 20 und folgende ein *-ste* anhängt (2).

Ordinalzahlen dekliniert man wie Adjektive (3):

(1) (2) (3) *der zwei-te, vier-te, siebenundvierzig-ste,*
am Zwölften, zum hundertsten Mal.

Die Bruchzahlen

Bruchzahlen geben Teile eines Ganzen an. Sie werden aus den Ordinalzahlen durch Anhängen von *-l* gebildet (Ausnahme: *erste – Eintel*, *zweite – halb*) (1).

>!< Bruchzahlen in adjektivischem Gebrauch werden nicht dekliniert (2). Die Bruchzahlen in substantivischem Gebrauch sind neutral und werden stark dekliniert. Das von der Bruchzahl Bezeichnete kann als Genitiv, als Präpositionalgefüge mit *von* oder als Apposition angeschlossen werden (3):

(1) (2) *ein viertel Pfund Butter* (adjektivischer Gebrauch)
(3) *mit drei Vierteln seines Einkommens*
ein Drittel von allen Beteiligten
von einem Viertel Rind
(substantivischer Gebrauch)

Die Bruchzahl *halb* wird wie ein Adjektiv dekliniert (4):

(4) *Vor einem halben Jahr bin ich ein glücklicher Vater geworden.*

Die Vervielfältigungszahlwörter

Vervielfältigungszahlwörter geben an, wie oft etwas vorhanden ist. Sie werden aus den Kardinalzahlen durch Anhängen des Suffixes (Nachsilbe) *-fach* (veraltet auch: *-fältig* und *-faltig)* gebildet. Vervielfältigungszahlwörter werden dekliniert wie Adjektive (1):

(1) *die vierfache Siegerin, ein dreifaches Hoch*

Für *zweifach* steht häufig *doppelt*. *Zweifach* bezeichnet allerdings eher zwei verschiedene Tatsachen (2). *Doppelt* zeigt eher an, dass dieselbe Sache noch ein weiteres Mal vorhanden ist (3):

(2) *Er gab mir ein zweifaches Versprechen: Er wolle mit dem Trinken aufhören und sich wieder mit seiner Frau vertragen.*
(3) *Der Verkäufer zeigte Herrn Siegfried eine Geldkassette mit doppeltem Boden.*

Die Wiederholungszahlwörter

Die Wiederholungszahlwörter geben stets Antwort auf die Frage: *Wie oft?*

>!< Wiederholungszahlwörter werden aus den Kardinalzahlen durch Anhängen von *-mal* gebildet. Sie werden dekliniert wie Adjektive (1). Nach den Regeln der neuen Rechtschreibung können Wiederholungszahlwörter auch mit den entsprechenden Ziffern und Bindestrich geschrieben werden (2):

(1) *zehnmal, ein einmaliges Angebot*
(2) *1-mal, 2-mal, 3-mal etc.*

Die Gattungszahlwörter

Gattungszahlwörter geben die Zahl der Gattungen, aus denen etwas besteht, an. Sie werden aus dem Genitiv der Kardinalzahlen oder der unbestimmten Zahlwörter durch Anhängen des Suffix (Nachsilbe) *-lei* gebildet.

>!< Gattungszahlwörter sind Adjektive und werden nicht dekliniert (1):

(1) *einerlei, zweierlei, zwanzigerlei, tausenderlei, vielerlei*

Die indefiniten (unbestimmten) Zahlwörter

In diese Gruppe gehören Adjektive, die eine unbestimmte Menge angeben, oder Personen, Dinge und Lebewesen in allgemeiner, nicht näher ausgeführter Weise bestimmen. Zu ihnen gehören Wörter wie *viel*, *wenig*, *gering*, *zahlreich*, *andere*, *sonstige*, *weitere* u. a. Die indefiniten Zahladjektive werden dekliniert wie andere Adjektive (1). Werden *viel* und *wenig* ohne Artikel gebraucht, verzichtet man aber häufig auf die Deklination (2):

(1) *Wie viele Apfelsinen haben wir heute verkauft? Nur wenige Menschen besitzen ein größeres Vermögen als er.*
(2) *Viel Feind, viel Ehr! Die alte Äbtissin hat in ihrem Leben schon viel Gutes getan. Diese Geschichte hat mich nicht wenig Geld gekostet.*

VI. Das Verb (Tätigkeitswort – Zeitwort)

Verben bezeichnen Handlungen, Vorgänge oder Zustände. Jedes Verb ist konjugierbar. Das Verb bestimmt, welche zusätzlichen grammatischen Glieder notwendig sind, um einen vollständigen Satz zu bilden.

1. Die Vollverben

Zu den Vollverben gehören persönliche und unpersönliche, transitive und intransitive sowie echte und unechte reflexive Verben. Diese Untergruppen unterscheiden sich dadurch voneinander, welche Art von Subjekten und Ergänzungen die Verben nach sich ziehen. Neben den Vollverben gibt es Hilfsverben und Modalverben.

>!< Persönliche Verben sind Verben, die im Singular (Einzahl) und Plural (Mehrzahl) in allen Personalformen gebildet und gebraucht werden. Die persönlichen Verben haben ein persönliches Subjekt (Satzgegenstand) (1):

(1) *wir wandern, wir* = Subjekt
wandern = 1. Person, Plural, Indikativ, Aktiv

Als persönliche Verben bezeichnet man auch die Verben, die nur in der dritten Person gebraucht, aber mit *er*, *sie* (Singular und Plural), *es* oder einem Substantiv verbunden werden können (2):

(2) *Die Rosen verwelken. Sie verwelken.*

>!< Unpersönliche Verben sind Verben, die im Allgemeinen mit dem unpersönlichen Subjekt *es* verbunden werden (3):

(3) *es regnet – es hagelt – es blitzt*

Trotz seiner Bedeutungsarmut wird *es* als reguläres Subjekt gewertet, da es sich sowohl im Satz verschieben lässt (1) als auch z. T. durch ein anderes Subjekt ersetzt werden kann (2).

(1) Es nieselt. Heute nieselt es. (2) Der Regen nieselt.

>!< Transitive Verben sind Verben, die mit einem Akkusativobjekt (Ergänzung im 4. Fall) auftreten (1):

(1) *Er schlägt den Nagel in die Wand.*
Frage: *Wen oder was schlägt er in die Wand?*
den Nagel = Akkusativobjekt
schlagen = transitives Verb

>!< Intransitive Verben sind Verben, die nicht mit einem Akkusativobjekt verbunden werden (2):

(2) *Das Kind gehorcht seiner Mutter.*
Frage: *Wem gehorcht das Kind?*

seiner Mutter = Dativobjekt; ein Akkusativobjekt ist nicht möglich
gehorchen = intransitives Verb

Einige Verben können sowohl mit einem Akkusativobjekt als auch für sich allein stehen, d. h. sie sind sowohl transitiv als auch intransitiv zu verwenden (3):
(3) *Wir trinken Limonade./Wir trinken.*

>!< Reflexive Verben sind Verben, die mit einem Reflexivpronomen (rückbezüglichen Fürwort) auftreten, das sich auf das Subjekt des Satzes bezieht. Es gibt echte und unechte reflexive Verben.

Echte reflexive Verben sind Verben, die ausschließlich in Verbindung mit einem Reflexivpronomen auftreten (1):

(1) *Er schämt sich für sein Verhalten.*
Infinitiv (Grundform) = *sich schämen*

Unechte reflexive Verben sind Verben, die sowohl ohne Reflexivpronomen als auch in Verbindung mit einem Reflexivpronomen auftreten können (2):

(2) *Der Einbrecher täuschte die Polizei.*
Infinitiv = *täuschen*
Der Einbrecher hatte sich getäuscht.
Infinitiv = *sich täuschen*

Transitive und reflexive Verben bilden die Perfektformen im Aktiv immer mit dem Hilfsverb *haben* (1):

(1) *Er hat den Nagel in die Wand geschlagen.*
Sie hatten sich für die vielen Geschenke bedankt.

Intransitive Verben bilden die Perfektformen im Aktiv dann mit dem Hilfsverb *sein*, wenn sie eine Orts- oder Zustandsveränderung beschreiben (2):

(2) *Ich bin zum Bahnhof gegangen.*

Intransitive Verben, die ein Geschehen in seiner Dauer ausdrücken, bilden ihr Perfekt mit *haben* (3):

(3) *Hast du gut geruht?*

In Einzelfällen kann es hier zu Schwankungen des Gebrauchs kommen. Die Verwendung von *haben* und *sein* wird dann durch den Zusammenhang, in dem das jeweilige Verb steht, beeinflusst (4):

(4) *Sie hat immer viel geritten. Sie ist durch den Wald geritten.*

Einige Verben, die sowohl transitiv als auch intransitiv gebraucht werden können, bilden das Perfekt im Falle transitiver Verwendung mit *haben*, im Falle intransitiver

Verwendung mit *sein*; damit ist jeweils eine Bedeutungsänderung verbunden (5):

(5) *Ich habe dein Auto in die Garage gefahren.*
Ich bin mit dem Bus in die Schule gefahren.

Bei *sitzen, liegen* und *stehen* variiert die Perfektbildung landschaftlich. Während im Norden des deutschen Sprachraums *haben* als Hilfsverb verwendet wird (1), steht im Süden *sein* (2):

(1) Ich habe gesessen/gelegen/gestanden.
(2) Ich bin gesessen/gelegen/gestanden.

>!< Transitive Verben können in der Regel ein persönliches Passiv bilden (1), intransitive Verben nicht (2):

(1) *Sie sind gelobt worden.*
(2) *Es wird ihm immer gehorcht werden.*

2. Die Hilfsverben

Hilfsverben sind Verben, mit deren Hilfe die zusammengesetzten Zeiten der Vollverben sowie das Passiv gebildet werden (1). Sie können jedoch bisweilen auch selbstständig im Satz auftreten und so als Vollverben fungieren (2). Hilfsverben sind: *haben, sein* und *werden*.

(1) *Wir haben uns verlaufen. Er ist um Mitternacht nach Hause gekommen. Sein Lachen wurde gehört.*
(2) *Sie hat Hunger. Es wird Tag.*

Die Konjugation von *sein*

Infinitiv: *sein*
Partizip I: *seiend*
Partizip II: *gewesen*

Imperativ Singular: *sei!*
Imperativ Plural: *seid!*

Tempus	Indikativ	Konjunktiv
Präsens	ich bin du bist er/sie/es ist wir sind ihr seid sie sind	ich sei du sei(e)st er/sie/es sei wir seien ihr seiet sie seien

Tempus	Indikativ	Konjunktiv
Präteritum	ich war du warst er/sie/es war wir waren ihr wart sie waren	ich wäre du wär(e)st er/sie/es wäre wir wären ihr wär(e)t sie wären
Perfekt	ich bin gewesen usw.	ich sei gewesen usw.
Plusquam-perfekt	ich war gewesen usw.	ich wäre gewesen usw.

Tempus	Indikativ	Konjunktiv
Futur I	ich werde sein du wirst sein er/sie/es wird sein wir werden sein ihr werdet sein sie werden sein	ich werde sein du werdest sein er/sie/es werde sein wir werden sein ihr werdet sein sie werden sein
Futur II	ich werde gewesen sein er/sie/es wird gewesen sein usw	ich werde gewesen sein er/sie/es werde gewesen sein usw.

Die Konjugation von *werden*

Infinitiv: *werden*
Partizip I: *werdend*
Partizip II: *geworden*

Imperativ Singular: *werde!*
Imperativ Plural: *werdet!*

Tempus	Indikativ	Konjunktiv
Präsens	ich werde du wirst er/sie/es wird wir werden ihr werdet sie werden	ich werde du werdest er/sie/es werde wir werden ihr werdet sie werden
Präteritum	ich wurde du wurdest er/sie/es wurde	ich würde du würdest er/sie/es würde

	wir wurden ihr wurdet sie wurden	wir würden ihr würdet sie würden
Perfekt	ich bin geworden usw.	ich sei geworden usw.
Plusquam-perfekt	ich war geworden usw.	ich wäre geworden usw.
Futur I	ich werde werden usw.	ich werde werden usw.
Futur II	ich werde geworden sein usw.	ich werde geworden sein usw.

Die Konjugation von *haben*

Infinitiv: *haben*
Partizip I: *habend*
Partizip II: *gehabt*

Imperativ Singular: *habe!*
Imperativ Plural: *habt!*

Tempus	Indikativ	Konjunktiv
Präsens	ich habe du hast er/sie/es hat wir haben ihr habt sie haben	ich habe du habest er/sie/es habe wir haben ihr habet sie haben

Präteritum	ich hatte du hattest er/sie/es hatte wir hatten ihr hattet sie hatten	ich hätte du hättest er/sie/es hätte wir hätten ihr hättet sie hätten
Perfekt	ich habe gehabt usw.	ich habe gehabt usw.
Plusquam-perfekt	ich hatte gehabt usw.	ich hätte gehabt usw.
Futur I	ich werde haben usw.	ich werde haben usw.
Futur II	ich werde gehabt haben usw.	ich werde gehabt haben usw.

3. Die Modalverben

Modalverben sind Verben, die die Art und Weise eines Zustands oder Geschehens näher bestimmen. Man sagt auch, sie modifizieren das Vollverb, mit dem sie verbunden sind. Zu den Modalverben gehören: *dürfen*, *können*, *mögen*, *sollen*, *wollen*, *müssen*.

>!< Modalverben besitzen zahlreiche Bedeutungsnuancen, in denen sie sich z. T. überschneiden. *Können* benennt in erster Linie eine Möglichkeit. Das kann auch eine Erlaubnis oder eine Vermutung einschließen (1):

(1) *Charlie kann gut Ski fahren.*
Ich kann auch sofort nach Hause gehen.
Du kannst dir gern noch ein Stück Kuchen nehmen.
Was er behauptet, könnte wahr sein.

>!< *Dürfen* drückt eine Erlaubnis, eine Berechtigung, eine Vermutung bzw. eine Annahme oder eine Notwendigkeit aus (2):

(2) *Hier darf jeder seine Meinung sagen.*
Über deinen Lottogewinn darfst du dich wirklich freuen.
Das darf doch nicht wahr sein!
Wir dürfen ihm wirklich nicht länger seine Fehler vorwerfen.

>!< *Mögen* formuliert einen Wunsch, eine Einräumung, ein Verlangen oder eine Vermutung (3):

(3) *Sie möchte morgen früh aufstehen.*
In dieser Angelegenheit mag er Recht haben, ansonsten aber nicht.
Ich möchte gerne noch eine Limonade.
Das mag schon stimmen.

>!< *Sollen* benennt eine Aufforderung, einen Ratschlag, einen Zweifel, eine Bedingung oder die Aussage eines anderen (4):

(4) *Du sollst sofort zum Chef kommen.*
Das solltest du besser nicht tun.
Wie soll ich ihm nur helfen?
Falls es mir morgen besser gehen sollte, würde ich euch gerne besuchen.
Er soll ein starker Trinker gewesen sein.

>!< *Wollen* formuliert eine Absicht, eine Behauptung eines anderen oder eine Notwendigkeit (5):

(5) *Er will sie unbedingt heiraten.*
Er will in den letzten zwei Jahren mehrere Millionen verdient haben.
Unser Vorgehen will wohl bedacht sein.

>!< *Müssen* drückt eine Notwendigkeit, eine Aufforderung oder eine Vermutung aus (6):

(6) *Sie musste weinen.*
Du musst (= sollst) dich mehr anstrengen.
Du musst Peters Schwester sein.

Die Konjugation der Modalverben

Infinitiv: *dürfen, können, mögen, müssen, sollen, wollen*

Partizip II: *gedurft, gekonnt, gemocht, gemusst, gesollt, gewollt*

Tempus	Indikativ	Konjunktiv
Präsens	ich darf wir dürfen ich kann wir können ich mag wir mögen ich muss wir müssen ich soll wir sollen ich will wir wollen	ich dürfe wir dürfen ich könne wir können ich möge wir mögen ich müsse wir müssen ich solle wir sollen ich wolle wir wollen
Präteritum	ich durfte wir durften ich konnte wir konnten ich mochte wir mochten ich musste wir mussten ich sollte wir sollten ich wollte wir wollten	ich dürfte wir dürften ich könnte wir könnten ich möchte wir möchten ich müsste wir müssten ich sollte wir sollten ich wollte wir wollten
Perfekt	ich habe gedurft/gekonnt/ gemusst/gemocht/	ich habe gedurft/gekonnt/ gemusst/gemocht/

Tempus	Indikativ	Konjunktiv
Perfekt	gesollt/gewollt usw.	gesollt/gewollt usw.
Plusquamperfekt	ich hatte gedurft/gekonnt/ gemocht/gemusst/ gesollt/gewollt usw.	ich hätte gedurft/gekonnt/ gemocht/gemusst/ gesollt/gewollt usw.
Futur I	ich werde dürfen usw.	ich würde dürfen usw.
Futur II	ich werde gedurft haben usw.	ich würde gedurft haben usw.

>!< Modalverben treten meist in Verbindung mit einem Vollverb auf. Das Vollverb steht dann als Infinitiv ohne *zu* (1). Modalverben können jedoch auch allein stehen (2). Modalverben können weder einen Imperativ noch ein eigenes Passiv bilden. Geht ihnen im Perfekt oder Plusquamperfekt ein Infinitiv voraus, dann wird anstelle des Partizips II der Infinitiv verwendet (3):

(1) *Jutta möchte nach Hamburg umziehen.*
(2) *Ich kann das auch. Er will nicht.*
(3) Richtig: *Irene hatte ihre Weihnachtseinkäufe erledigen wollen.*
Falsch: *Irene hatte ihre Weihnachtseinkäufe erledigen gewollt.*

4. Starke – schwache – unregelmäßige Verben

Hilfs- und Modalverben werden unregelmäßig konjugiert. Für sie sind keine Konjugationsregeln erstellbar. Vollverben sind bezüglich ihres Konjugationstyps in drei Gruppen unterteilbar, in starke Verben, schwache Verben und unregelmäßige (auch gemischte) Verben. Man spricht somit von einer starken, einer schwachen und einer unregelmäßigen Konjugation. Welcher dieser drei Gruppen ein Verb zuzuordnen ist, ergibt sich immer aus seinen Stammformen.

Die Stammformen des Verbs sind:

Infinitiv (Grundform)	Präteritum (1. Vergangenheit)	Partizip II (Mittelwort der Vergangenheit)
bringen	*brachte*	*gebracht*

>!< Starke Verben sind Verben, deren Stammvokal sich in den verschiedenen Zeitformen regelmäßig verändert (= Ablaut) und deren Partizip II auf *-en* endet (1):

(1) *gehen – ging – gegangen*

>!< Schwache Verben sind Verben, deren Stammvokal nicht verändert wird und deren Präteritum und Partizip II mit der Endung *-t(e)* gebildet werden (2):

(2) *turnen – turnte – geturnt*

>!< Unregelmäßige Verben sind Verben, deren Stammvokal sich trotz schwacher Konjugation (Präteritum- und Partizip-II-Endungen auf *-t(e)*) ändert (3), oder Verben, bei denen nicht nur der Stammvokal verändert wird, sondern sich auch Konsonanten ändern (4):

(3) *nennen – nannte – genannt*
(4) *bringen – brachte – gebracht*

Die Bedeutungsunterschiede von gleich lautenden Verben schlagen sich in unterschiedlichen Konjugationstypen nieder. So gibt es ein starkes (5) und ein schwaches (6) Verb *wiegen*.

(5) *Das Paket wog 4 Pfund.*
(6) *Die Mutter wiegte ihr Kind in den Schlaf.*

Einige gleich lautende Verben unterscheiden sich nicht nur in ihrer Bedeutung, sondern auch in der Art und Anzahl der Ergänzungen, die sie verlangen. So gibt es z. B. ein intransitives (7) und ein transitives (8) Verb *hängen*.

(7) *Mein Mantel hing doch immer in diesem Schrank!*
hängen in intransitiver Verwendung = stark konjugiert.
(8) *Er hängte meinen Mantel in den Schrank.*
hängen in transitiver Verwendung = schwach konjugiert.

Die Konjugation der starken und unregelmäßigen Verben

Infinitiv	Präteritum	Partizip II	1./2. Person Präsens	Konjunktiv Präteritum
backen	backte (buk)	gebacken	ich backe du bäckst	backte (büke)
befehlen	befahl	befohlen	ich befehle du befiehlst	beföhle (befähle)
beginnen	begann	begonnen		begönne
beißen	biss	gebissen		bisse
bergen	barg	geborgen	ich berge du birgst	bärge
bersten	barst	geborsten	ich berste du birst	bärste
biegen	bog	gebogen		böge
bieten	bot	geboten		böte
binden	band	gebunden		bände
bitten	bat	gebeten		bäte
blasen	blies	geblasen	ich blase du bläst	bliese
bleiben	blieb	geblieben		bliebe
braten	briet	gebraten	ich brate du brätst	briete
brechen	brach	gebrochen	ich breche du brichst	brächte
brennen	brannte	gebrannt		brennte
bringen	brachte	gebracht		brächte

Infinitiv	Präteritum	Partizip II	1./2. Person Präsens	Konjunktiv Präteritum
denken	dachte	gedacht		dächte
dreschen	drosch	gedroschen	ich dresche du drischst	drösche
dringen	drang	gedrungen		dränge
dürfen	durfte	gedurft	ich darf du darfst	dürfte
empfehlen	empfahl	empfohlen	ich empfehle du empfiehlst	empföhle (empfähle)
erbleichen	erblich	erblichen		erbliche
essen	aß	gegessen	ich esse du isst	äße
fahren	fuhr	gefahren	ich fahre du führst	führe
fallen	fiel	gefallen	ich falle du fällst	fiele
fangen	fing	gefangen	ich fange du fängst	finge
fechten	focht	gefochten	ich fechte du fich(t)st	föchte
finden	fand	gefunden		fände
flechten	flocht	geflochten	ich flechte du flich(t)st	flöchte
fliegen	flog	geflogen		flöge
fliehen	floh	geflohen		flöhe
fließen	floss	geflossen		flösse
fressen	fraß	gefressen	ich fresse	fräße

Infinitiv	Präteritum	Partizip II	1./2. Person Präsens	Konjunktiv Präteritum
(zu: fressen)			du frisst	
frieren	fror	gefroren		fröre
gären	gor (gärte)	gegoren	es gärt	göre (gärte)
gebären	gebar	geboren	ich gebäre du gebierst (du gebärst)	gebäre
geben	gab	gegeben	ich gebe du gibst	gäbe
gedeihen	gedieh	gediehen		gediehe
gehen	ging	gegangen		ginge
gelingen	gelang	gelungen	es gelingt	gelänge
gelten	galt	gegolten	ich gelte du giltst	gälte (gölte)
genesen	genas	genesen		genäse
genießen	genoss	genossen		genösse
geschehen	geschah	geschehen	es geschieht	geschähe
gewinnen	gewann	gewonnen		gewönne (gewänne)
gießen	goss	gegossen		gösse
gleichen	glich	geglichen		gliche
gleiten	glitt	geglitten		glitte
glimmen	glomm (glimmte)	geglommen (geglimmt)		glömme
graben	grub	gegraben	ich grabe du gräbst	grübe
greifen	griff	gegriffen		griffe

Infinitiv	Präteritum	Partizip II	1./2. Person Präsens	Konjunktiv Präteritum
haben	hatte	gehabt	ich habe du hast	hätte
halten	hielt	gehalten	ich halte du hältst	hielte
hängen	hing	gehangen		hinge
hauen	haute (hieb)	gehauen		haute (hiebe)
heben	hob	gehoben		höbe
heißen	hieß	geheißen		hieße
helfen	half	geholfen	ich helfe du hilfst	hülfe (hälfe)
kennen	kannte	gekannt		kennte
klimmen	klomm (klimmte)	geklommen (geklimmt)		klömme
klingen	klang	geklungen		klänge
kneifen	kniff	gekniffen		kniffe
kommen	kam	gekommen		käme
können	könnte	gekonnt	ich kann du kannst	könnte
kriechen	kroch	gekrochen		kröche
laden	lud	geladen	ich lade du lädst	lüde
lassen	ließ	gelassen	ich lasse du lässt	ließe
laufen	lief	gelaufen	ich laufe da läufst	liefe

Infinitiv	Präteritum	Partizip II	1./2. Person Präsens	Konjunktiv Präteritum
leiden	litt	gelitten		litte
leihen	lieh	geliehen		liehe
lesen	las	gelesen	ich lese du liest	läse
liegen	lag	gelegen		läge
löschen	losch	geloschen	ich lösche du lischst	lösche
lügen	log	gelogen		löge
mahlen	mahlte	gemahlen		mahlte
meiden	mied	gemieden		miede
melken	melkte (molk)	gemolken	ich melke du milkst	melkte (mölke)
messen	maß	gemessen	ich messe du misst	mäße
misslingen	misslang	misslungen	es misslingt	misslänge
mögen	mochte	gemocht	ich mag du magst	möchte
müssen	musste	gemusst	ich muss du musst	müsste
nehmen	nahm	genommen	ich nehme du nimmst	nähme
nennen	nannte	genannt		nannte
pfeifen	pfiff	gepfiffen		pfiffe
pflegen	pflegte (pflog)	gepflogen		pflegte (pflöge)
preisen	pries	gepriesen		priese

Infinitiv	Präteritum	Partizip II	1./2. Person Präsens	Konjunktiv Präteritum
quellen	quoll	gequollen	ich quelle du quillst	quölle
raten	riet	geraten	ich rate du rätst	riete
reiben	rieb	gerieben		riebe
reißen	riss	gerissen		risse
reiten	ritt	geritten		ritte
rennen	rannte	gerannt		rennte
riechen	roch	gerochen		röche
ringen	rang	gerungen		ränge
rinnen	rann	geronnen		ränne
rufen	rief	gerufen		riefe
saufen	soff	gesoffen	ich saufe du säufst	söffe
saugen	saugte (sog)	gesaugt (gesogen)		söge
schaffen	schuf	geschaffen		schüfe
scheiden	schied	geschieden		schiede
scheinen	schien	geschienen		schiene
schelten	schalt	gescholten	ich schelte du schiltst	schölte
scheren	schor	geschoren		schöre
schieben	schob	geschoben		schöbe
schießen	schoss	geschossen		schösse
schinden	schund	geschunden		schünde
schlafen	schlief	geschlafen	ich schlafe	schliefe

Infinitiv	Präteritum	Partizip II	1./2. Person Präsens	Konjunktiv Präteritum
(zu: schlafen)			du schläfst	
schlagen	schlug	geschlagen	ich schlage du schlägst	schlüge
schleichen	schlich	geschlichen		schliche
schleifen	schliff	geschliffen		schliffe
schleißen	schliss (schleißte)	geschlissen		schlisse
schließen	schloss	geschlossen		schlösse
schlingen	schlang	geschlungen		schlänge
schmeißen	schmiss	geschmissen		schmisse
schmelzen	schmolz	geschmolzen	ich schmelze du schmilzt	schmölze
schneiden	schnitt	geschnitten		schnitte
schreiben	schrieb	geschrieben		schriebe
schreien	schrie	geschrien		schriee
schreiten	schritt	geschritten		schritte
schweigen	schwieg	geschwiegen		schwiege
schwellen	schwoll	geschwollen	ich schwelle du schwillst	schwölle
schwimmen	schwamm	geschwommen		schwömme (schwämme)
schwingen	schwang	geschwungen		schwänge
schwören	schwor (schwur)	geschworen		schwöre (schwüre)
sehen	sah	gesehen	ich sehe du siehst	sähe

Infinitiv	Präteritum	Partizip II	1./2. Person Präsens	Konjunktiv Präteritum
sein	war	gewesen	ich bin du bist	wäre
senden	sandte sendete	gesandt gesendet		sendete
sieden	sott	gesotten		sötte
singen	sang	gesungen		sänge
sinken	sank	gesunken		sänke
sinnen	sann	gesonnen		sänne (sönne)
sitzen	saß	gesessen		säße
sollen	sollte	gesollt		sollte
spalten	spaltete	gespalten (gespaltet)		spaltete
speien	spie	gespie(e)n		spie
spinnen	spann	gesponnen		spönne
sprechen	sprach	gesprochen	ich spreche du sprichst	spräche
sprießen	spross	gesprossen		sprösse
springen	sprang	gesprungen		spränge
stechen	stach	gestochen	ich steche du stichst	stäche
stecken	steckte (stak)	gesteckt		steckte (stäke)
stehen	stand	gestanden		stände (stünde)
stehlen	stahl	gestohlen	ich stehle	stähle

Infinitiv	Präteritum	Partizip II	1./2. Person Präsens	Konjunktiv Präteritum
(zu: stehlen)			du stiehlst	
steigen	stieg	gestiegen		stiege
sterben	starb	gestorben	ich sterbe du stirbst	stürbe
stieben	stob (stiebte)	gestoben (gestiebt)		stöbe
stinken	stank	gestunken		stänke
stoßen	stieß	gestoßen	ich stoße du stößst	stieße
streichen	strich	gestrichen		striche
streiten	stritt	gestritten		stritte
tragen	trug	getragen	ich trage du trägst	trüge
treffen	traf	getroffen	ich treffe du triffst	träfe
treiben	trieb	getrieben		triebe
treten	trat	getreten	ich trete du trittst	träte
trinken	trank	getrunken		tränke
trügen	trog	getrogen		tröge
tun	tat	getan	ich tu(e) du tust	täte
verderben	verdarb	verdorben	ich verderbe du verdirbst	verdürbe
verdrießen	verdross	verdrossen		verdrösse
vergessen	vergaß	vergessen	ich vergesse	vergäße

Infinitiv	Präteritum	Partizip II	1./2. Person Präsens	Konjunktiv Präteritum
(zu: vergessen)			du vergisst	
verlieren	verlor	verloren		verlöre
wachsen	wuchs	gewachsen	ich wachse du wächst	wüchse
wägen	wog	gewogen		wöge
waschen	wusch	gewaschen	ich wasche du wäschst	wüsche
weben	wob (webte)	gewoben (gewebt)		wöbe
weichen	wich	gewichen		wiche
weisen	wies	gewiesen		wiese
wenden	wandte (wendete)	gewandt (gewendet)		wendete
werben	warb	geworben	ich werbe du wirbst	würbe
werden	wurde (ward)	geworden	ich werde du wirst	würde
werfen	warf	geworfen	ich werfe du wirfst	würfe
wiegen	wog	gewogen	ich wiege du wiegst	wöge
winden	wand	gewunden		wände
wissen	wusste	gewusst	ich weiß du weisst	wüsste
wollen	wollte	gewollt	ich will du willst	wollte

Infinitiv	Präteritum	Partizip II	1./2. Person Präsens	Konjunktiv Präteritum
wringen	wrang	gewrungen		wränge
zeihen	zieh	geziehen		ziehe
ziehen	zog	gezogen		zöge
zwingen	zwang	gezwungen		zwänge

5. Die infiniten Verbformen

Bei den Formen des Verbs unterscheidet man grundsätzlich zwei Gruppen: finite und infinite Verbformen. Die infiniten Formen des Verbs sind:

Infinitiv Grundform *gehen*	Partizip I Mittelwort der Gegenwart *gehend*	Partizip II Mittelwort der Vergangenheit *gegangen*

Der Infinitiv ist die Grundform des Verbs. Die Endung des Infinitivs ist *-en* oder *-n* (1):

(1) *tanzen, stehen, denken, backen*
wandern, sammeln, handeln

>!< Neben der ursprünglichen Infinitivform (dem Infinitiv Präsens Aktiv = Grundform der Gegenwart in der Tatform) (2) gibt es noch drei weitere Infinitivformen, die mit Hilfsverben gebildet werden: den Infinitiv Präsens

Passiv (3), den Infinitiv Perfekt Aktiv (Grundform der Vergangenheit) (4), den Infinitiv Perfekt Passiv (5):

(2) Infinitiv Präsens Aktiv: *tadeln*
(3) Infinitiv Präsens Passiv: *getadelt werden*
(4) Infinitiv Perfekt Aktiv: *getadelt haben*
(5) Infinitiv Perfekt Passiv: *getadelt worden sein*

Der Infinitiv kann auch mit *zu* stehen (6) oder erweitert werden (7):

(6) *Seine Arbeit ist zu loben.*
(7) *Heute finde ich endlich die Gelegenheit, dir von Herzen für deine Hilfe zu danken.*

Der Infinitiv Präsens Aktiv ist diejenige Form, unter der ein Verb üblicherweise im Wörterbuch eingetragen ist.

>!< Das Partizip I drückt aus, dass ein Geschehen gerade abläuft, andauert oder unvollendet ist. Das Partizip I ist zeitlich neutral. Es bezieht sich im Allgemeinen auf die Zeit des finiten Verbs (1). Wird das Partizip als Attribut verwendet, kann durch eine hinzugefügte Zeitangabe jedoch ein anderer Zeitbezug hergestellt werden (2):

(1) *Die lachenden Kinder liefen quer über den Hof.*
(2) *Die gestern noch lachenden Kinder zeigen heute ein ernstes Gesicht.*

Das Partizip I wird gebildet, indem man an den Präsensstamm des Verbs die Endung *-end* oder, bei Verben auf *-ern* und *-eln, -nd* anhängt (3):

(3) Infinitiv:	*glaub-en;*	*wach-en;*	*loder-n;*	*änder-n*
Partizip I:	*glaub-end;*	*wach-end;*	*loder-nd;*	*änder-nd*

Das Partizip I dient meist als Adjektiv und wird in attributiver Stellung auch als solches dekliniert (4):

(4) *Die lärmenden Kinder stören mich.*

Das Partizip I kann jedoch auch substantiviert werden (5):

(5) *Die Trauernde war durch nichts zu trösten.*

Das Partizip II drückt ein vollendetes Geschehen (Zustand) aus. Es wird bei den starken Verben mit der Endung *-en* gebildet, bei den schwachen Verben mit der Endung *-t* oder *-et*. In beiden Fällen kommt in der Regel die Vorsilbe *ge-* hinzu (6):

(6) Infinitiv:	*singen;*	*lieben;*	*reden;*
Partizip II:	*gesungen;*	*geliebt;*	*geredet;*

Die Vorsilbe *ge-* kann bei der Bildung des Partizips II auch zwischen zwei Wortteile, nämlich Partikel und Verb bei trennbaren Verben, treten (7) oder ganz wegfallen: bei

Verben, die auf *-ieren* enden (8), bei Verben, die bereits eine Vorsilbe haben, d. h. mit *be-* (9), *er-*, *miss-*, *ver-* (10), *zer-* gebildet werden:

Inifinitiv	abnehmen	telefonieren	beginnen	verlieren
Partizip II	(7) abgenommen	(8) telefoniert	(9) begonnen	(10) verloren

Das Partizip II kann auch als Substantiv (11) oder als Adjektiv (12) verwendet werden:

(11) *Der Verhaftete wagte keinen Widerstand.*
(12) *Das ist geräucherter Schinken.*

Das Partizip II mancher Verben kann nicht als Adjektiv (13) verwendet werden. Auch sind nicht alle Partizipien substantivierbar (14):

(13) Richtig: *Unser Hund ist heute viel gelaufen.* Falsch. *Unser heute viel gelaufener Hund.*
(14) Richtig: *die Lachende, der Verärgerte, der Betrunkene.* Falsch: *der Geschlafene, der Ärgernde, der Gesessene*

6. Die finiten Verbformen

Die finiten (bestimmten) Verbformen sind die Formen, die das Verb nach Person, Numerus (Zahl), Tempus (Zeit), Modus (Aussageweise) bestimmen.

Person und Numerus (Zahl)

>!< Auskunft über die Person gibt die Frage: Wer oder was tut etwas? Dabei gibt es im Singular und Plural drei Möglichkeiten:
1. Person: *ich tue etwas; wir tun etwas*
2. Person: *du tust etwas; ihr tut etwas*
3. Person: *er, sie, es tut etwas; sie tun etwas*

>!< Auskunft über den Numerus gibt die Frage: Wie viele tun etwas? Dabei gibt es zwei Möglichkeiten:
Singular (Einzahl): *eine Person tut etwas* (1):
Plural (Mehrzahl): *mehr als eine Person tun etwas* (2):

(1) *Der erste Baum hat zu blühen begonnen.*
Frage: *Wie viele Bäume haben zu blühen begonnen?*
Antwort: *einer* = Singular
(2) *Heute kommen einige unserer Verwandten zu Besuch.*
Frage: *Wie viele Verwandte kommen zu Besuch?*
Antwort: *einige* = Plural

Tempus (Zeit)

>!< Auskunft über das Tempus gibt die Frage: Wann geschieht etwas, wann wird etwas getan? Dabei gibt es sechs Möglichkeiten:
Präsens (Gegenwart)
Präteritum (1. Vergangenheit)

Perfekt (2. Vergangenheit)
Plusquamperfekt (3. Vergangenheit)
Futur I (Zukunft)
Futur II (vollendete Zukunft)

Am häufigsten in der geschriebenen Sprache sind Präsens und Präteritum, am seltensten Futur I und II. Man bezeichnet Präsens und Präteritum daher als Haupttempora, die übrigen Tempora als Nebentempora.

Das Präsens drückt Geschehen oder Zustände aus, die sich zum gegenwärtigen Zeitpunkt abspielen (1), die sich ständig wiederholen (2), die Allgemeingültigkeit haben (3), die unmittelbar bevorstehen (4), die in der Vergangenheit begonnen haben, aber bis in die Gegenwart hineinreichen (5) oder die durch die Erzählweise besonders dramatisiert werden (= historisches Präsens) (6):

(1) *Er telefoniert gerade.*
(2) *Jeden Morgen um 7 Uhr klingelt der Wecker.*
(3) *Der Mount Everest ist der höchste Berg der Welt.*
(4) *Meine Gäste kommen jeden Moment.*
(5) *Mein Bruder geht seit drei Jahren ins Gymnasium.*
(6) *Da gehe ich gestern von der Arbeit nach Hause, den Weg durch die Gärten, den ich immer nehme.*
(6) *Ich pfeife eine Melodie vor mich hin und denke an nichts Böses. Als ich in unsere Straße einbiege, höre ich, wie ein Motor aufheult.*

Das historische Präsens wird zum szenischen Präsens, wenn es das Präteritum als Haupterzähltempus unterbricht (1):

(1) Es war mitten in der Nacht. Alles schien ruhig. Plötzlich gellt ein Schrei durch das Dunkel.
(1) Langsam schlenderte ich durch die einsame, dunkle Straße. Als ich gerade um die Ecke biegen wollte, tippt mir jemand auf die Schulter. Erschreckt zucke ich zusammen.

>!< Das Präteritum drückt Geschehen oder Zustände aus, die in der Vergangenheit abgeschlossen (1) oder in schriftlichen Berichten/Erzählungen dargestellt werden (2):

(1) *Im gestrigen Schwergewichtsboxkampf unterlag der Titelverteidiger seinem Herausforderer.*
(2) *Lieber Emil, wir befinden uns seit zwei Tagen in Ulm. Gestern besuchten wir das Museum ...*

>!< Das Perfekt drückt Geschehen oder Zustände aus, die in der Vergangenheit stattgefunden haben und deren Auswirkungen in die Gegenwart hineinreichen (1); außerdem steht es in mündlichen Berichten über Vergangenes (2). Das Perfekt wird weiterhin in Aussagen, die Allgemeingültigkeit beanspruchen, verwendet (3). Es kann zudem, anstelle des Futur II, den Abschluss oder Vollzug einer Handlung in der Zukunft feststellen (4):

(1) *Er hat mich schon häufig belogen und daher glaube ich ihm jetzt nicht mehr.*
(2) *Was hast du denn gestern gemacht? Erst einmal habe ich ausgeschlafen, dann ...*
(3) *So etwas hat man ja schon oft genug erlebt!*
(4) *Morgen ist er in Paris angekommen/wird er in Paris angekommen sein.*

Perfekt und Präteritum sollten trotz ihrer ähnlichen Funktionen nicht miteinander verwechselt werden. Das Präteritum betont, dass die in ihm geschilderte Handlung vergangen ist (5). Das Perfekt betont den Ablauf dieser Handlung und ihre fortdauernde Gültigkeit (6):

(5) *In der folgenden Nacht schneite es.*
(6) *Sieh nur: Heute Nacht hat es geschneit.*

>!< Das Plusquamperfekt drückt Geschehen oder Zustände aus, die zu einem Zeitpunkt der Vergangenheit stattgefunden haben, der noch weiter von der Gegenwart entfernt ist, als es das Perfekt auszudrücken vermag (1); außerdem bezeichnet es Geschehen, die als Vergangenheit zum Präteritum stehen (2):

(1) *Ich bin wirklich verärgert über die Zahlungsaufforderung. Ich hatte die Rechnung schon längst beglichen.*
(2) *Gestern konnten endlich die Arbeiten beendet werden, die wir schon Monate vorher angefangen hatten.*

Das Plusquamperfekt *angefangen hatten* steht oben im letzten Beispiel auf der vorhergehenden Seite als Vergangenheit zum Präteritum *konnten beendet werden.*

>!< Das Futur I drückt Geschehen oder Zustände aus, die für die Zukunft erwartet werden (1), die vermutet werden (2), die angekündigt, vorausgesagt oder angedroht werden (3):

(1) *Bald wird es den ersten Schnee geben.*
(2) *Das Taxi wird schon noch kommen.*
(3) *Du wirst dein blaues Wunder erleben!*

Das Futur I kann auch im Sinne einer Aufforderung benutzt werden (4). Mitunter kann es sich sogar auf Gegenwärtiges beziehen (5):

(4) *Du wirst dich jetzt sofort entschuldigen!*
(5) *Sie werden verstehen, dass ich Ihnen leider keinen höheren Kredit gewähren kann.*

>!< Das Futur II drückt Geschehen oder Zustände aus, die der Vergangenheit angehören und über die Vermutungen angestellt werden (1) oder die zu einem bestimmten Zeitpunkt der Zukunft schon abgeschlossen sein werden (2):

(1) *Sie werden schon nicht so dumm gewesen sein.*
(2) *Bis morgen werden wir uns entschlossen haben.*

Modus (Aussageweise)

Auskunft über den Modus geben die Fragen: Geschieht etwas tatsächlich? – Geschieht etwas möglicherweise? – Wird jemand aufgefordert, etwas zu tun?

Man unterscheidet drei Modi: den Indikativ (Wirklichkeitsform), den Konjunktiv (Möglichkeitsform) und den Imperativ (Befehlsform).

>!< Der Indikativ bezeichnet Geschehen oder Zustände, die es wirklich gibt (oder gegeben hat) und für deren Richtigkeit der Sprecher/Erzähler bürgt (1). Der Indikativ muss keineswegs immer mit der Realität übereinstimmen. Er steht auch dann, wenn der Sprecher etwas nicht Wirkliches bewusst oder unbewusst als wirklich hingestellt wissen will (2):

(1) *Paris ist die Hauptstadt Frankreichs.*
(2) *Der Osterhase bringt den Kindern bunte Eier.*

Der Indikativ wird in allen grammatikalischen Tempora gebildet:

Präsens	ich lache	ich gehe
Präteritum	ich lachte	ich ging
Perfekt	ich habe gelacht	ich bin gegangen

Plusquamperfekt	ich hatte gelacht	ich war gegangen
Futur I	ich werde lachen	ich werde gehen
Futur II	ich werde gelacht haben	ich werde gegangen sein

Der Konjunktiv bezeichnet Geschehen oder Zustände, die es entweder nicht wirklich gibt, die es möglicherweise nicht gibt oder die es noch nicht gibt. Es sind dies: Wünsche, Möglichkeiten und Aufforderungen.
Man unterscheidet: Konjunktiv I, Konjunktiv II.

>!< Der Konjunktiv I bezeichnet: eine Aufforderung (1), eine Anweisung (2), eine erfüllbare Bitte oder einen Wunsch (3), eine Möglichkeit oder eine Vermutung (4) und die indirekte Rede (5):

(1) *Er verlangte, dass der Schaden sofort behoben werde.*
(2) *Man nehme 1 Liter Milch, 4 Eier ...*
(3) *Sie baten, er möge nicht so schnell reden.*
(4) *Sie meinte, sie wisse immer alles.*
(5) *Der Redner sagte, dass es nicht möglich sei.*

Oft werden Modalverben in den Konjunktiv gesetzt (vgl. (3)). Besonders häufig vertreten sind: *mögen, wollen* und *sollen*.

Der Konjunktiv I wird im Präsens, Perfekt, Futur I und Futur II gebildet.

Konjunktiv Präsens:*	ich halte	ich gehe
Konjunktiv Perfekt:	ich habe gehalten	ich sei gegangen
Konjunktiv I Futur I:	ich werde halten	ich werde gehen
Konjunktiv I Futur II:	ich werde gehalten haben	Ich werde gegangen sein

* Die Bezeichnung „Konjunktiv Präsens/Perfekt“ ... bezieht sich nicht auf die direkte inhaltliche Verwandtschaft zu diesen Zeiten, sondern auf die Bildung des Konjunktivs aus den Formen des Präsens, Perfekts usw.

Sind die Formen des Konjunktivs I mit denen des Indikativs identisch, so werden sie durch die Formen des Konjunktivs II ersetzt (6):

(6) *Ich ließ ihm ausrichten, dass ich keine Zeit hätte* (statt *habe*).
Ich ließ ihm ausrichten, dass ich keine Zeit gehabt hätte (statt *gehabt habe*).
Ich ließ ihm ausrichten, dass ich keine Zeit haben würde (statt *haben werde*).

>!< Der Konjunktiv II bezeichnet: eine höfliche Aufforderung (1), eine höfliche Frage (2) oder eine höfliche Feststellung (3), einen nicht erfüllbaren Wunsch (4), eine unsichere Behauptung (5), eine unwirkliche Bedingung (6) und die Feststellung eines mit Anstrengung erzielten Ergebnisses (7):

(1) *Würdest du bitte deine Sachen wegräumen?*
(2) *Könnten Sie mir bitte sagen, wie spät es ist?*
(3) *Ich würde mich an deiner Stelle lieber entschuldigen.*
(4) *Würde ich doch einmal im Lotto gewinnen!*
(5) *Ich glaube, Sie hätten das Spiel nicht verloren, wenn ...*
(6) *Wenn ich nicht krank gewesen wäre, hätte ich ...*
(7) *Das wäre geschafft!*

Der Sprecher/Erzähler kann durch die Verwendung des Konjunktivs II in der indirekten Rede seine Zweifel am Wahrheitsgehalt dessen, was er berichtend weitergibt, äußern (8):

(8) *Unser Nachbar hat uns neulich gesagt, dass er ein UFO gesehen hätte.*

>!< Der Konjunktiv II wird häufig mit *würde* + Infinitiv (Grundform) umschrieben, insbesondere dann, wenn die Konjunktivform ungebräuchlich (9) oder mit der Indikativform identisch ist (10) und die Nichtwirklichkeit der Aussage betont werden soll (11):

(9) *Ich würde gewinnen/würde helfen* – statt *ich gewönne/hülfe.*
(10) *Wenn Sie mir rechtzeitig Bescheid sagen würden* – statt *sagten.*
(11) *Wenn ich Millionär wäre, würde ich nicht mehr arbeiten.*

>!< Der Konjunktiv II steht in mit *als ob* eingeleiteten Vergleichssätzen (1) und in irrealen (unwirklichen) Konsekutivsätzen (eine Folge bezeichnenden Nebensätzen), die mit *als dass* oder *dass* eingeleitet werden (2). Der Konjunktiv II kann auch in Relativsätzen, die eine Potenzialität (Möglichkeit) oder Irrealität (Unwirklichkeit) ausdrücken, stehen (3):

(1) *Frau Müller verhielt sich, als ob sie mir nie zuvor begegnet wäre.*
(2) *Er war so betrunken, dass er fast gegen den nächsten Laternenpfahl gelaufen wäre.*
(3) *Ich kenne eine sehr attraktive Frau, die ihm sicherlich gefallen hätte.*

Der Konjunktiv II wird im Präteritum, im Plusquamperfekt, im Futur I und im Futur II gebildet.

>!< In der indirekten Rede wird der Indikativ der direkten Rede (1) durch den Konjunktiv I ersetzt. Dabei ändern sich meist auch die Personalpronomen (2):

(1) *Er sagt: „Ich bin krank."*
(2) *Er sagt, dass er krank sei.*

Verwandelt man einen direkten Fragesatz in einen indirekten Fragesatz, so ist folgender Unterschied zu beachten: Entscheidungsfragen werden mit *ob* an den Hauptsatz angeschlossen (3); bei Ergänzungsfragen übernehmen diese Funktion dagegen deren Einleitungswörter (4):

(3) *Sie fragte ihn: „Liebst du mich?" – Sie fragte ihn, ob er sie liebe.*
(4) *Tim fragte Olli: „Wann willst du dir endlich eine neue Waschmaschine kaufen?" – Tim fragte Olli, wann er sich endlich eine neue Waschmaschine kaufen wolle.*

Verwandelt man einen direkten Aufforderungssatz in einen indirekten Aufforderungssatz, so lässt sich der Imperativ des direkten Satzes nicht beibehalten. Er muss vielmehr durch die Modalverben *mögen* oder *sollen* umschrieben werden. Auf die Konjunktion *dass* wird dann meistens verzichtet (5):

(5) *Sie sagte zu ihm: „Geh endlich!" – Sie sagte zu ihm, er möge/solle endlich gehen.*

Ist der Konjunktiv I mit einer Indikativform identisch, wird er oft durch den Konjunktiv II ersetzt (oder mit *würde* + Infinitiv umschrieben). Formen in der 3. Person Singular bilden allerdings stets einen eindeutigen Konjunktiv I. Hier werden keine Ersatzformen gebraucht.

In der Alltagssprache kann der Indikativ der direkten Rede (insbesondere bei *dass*-Sätzen) stehen bleiben, wenn der Sprecher/Erzähler den Wirklichkeitsgehalt der Aussage betonen will (1). Der Konjunktiv ist zwar das Normaltempus der indirekten Rede, aber nicht ihr einziges Merkmal. Er muss daher nicht zwingend stehen:

(1) *Er sagte: „Dieses Auto verbraucht wenig Benzin."*
Er sagte, dass dieses Auto wenig Benzin verbraucht.
(anstelle des ebenfalls möglichen *verbrauche*)

>!< In der indirekten Rede werden folgende Tempora verwendet, gleichgültig, in welcher Zeit der übergeordnete (einführende) Satz steht:

– Bei *Gleichzeitigkeit* steht der Konjunktiv Präsens (2).

– Bei *Vorzeitigkeit* steht der Konjunktiv Perfekt (3) bzw. der Konjunktiv Plusquamperfekt (4).

– Bei *Nachzeitigkeit* steht der Konjunktiv Futur I (5):

übergeordneter Satz	**untergeordneter Satz**
	(2) Gleichzeitigkeit → Konjunktiv Präsens
Er sagt,	*er sei dazu durchaus in der Lage.*
	(3) Vorzeitigkeit → Konjunktiv Perfekt
Er sagte,	
Er hat gesagt,	*er sei dazu durchaus in der Lage gewesen.*

	(4) Vorzeitigkeit → Konjunktiv Plusquamperfekt
Er hatte gesagt,	*er wäre dazu durchaus in der Lage gewesen.*
	(5) Nachzeitigkeit → Konjunktiv Futur I
Er wird sagen,	*er werde dazu durchaus in der Lage sein.*

>!< Der Imperativ kennzeichnet eine Aufforderung an eine oder mehrere Personen. Bei dieser Aufforderung kann es sich um eine Bitte, einen Wunsch oder einen Befehl handeln (1).
Eigene Imperativ-Formen gibt es nur für die 2. Person Singular und Plural. Der Imperativ Plural stimmt mit der zweiten Person Plural Indikativ Präsens Aktiv des jeweiligen Verbs überein (2).

(1) *Hilf mir bitte! Halt endlich den Mund!*
(2) *Schreit! Haltet endlich den Mund!*

Auch in der Höflichkeitsform *Sie* gibt es einen Imperativ. Er lautet folgendermaßen (1):

(1) *Gehen Sie!*

Genus Verbi (Handlungsform)

>!< Auskunft über das Genus Verbi geben die Fragen: Tut jemand etwas? Wird etwas getan? Man unterschei-

det zwei Genera Verbi: das Aktiv (Tatform) und das Passiv (Leideform).
Im Aktiv gibt das Subjekt des Satzes den Urheber bzw. Träger der Handlung an (1).
Der Urheber oder Träger der Handlung steht dabei im Vordergrund (2):

(1) (2) *Das Flugzeug startet.*

Im Aktiv sind die Verbformen im Präsens und Präteritum einfach, in allen anderen Zeiten zusammengesetzt, d. h. sie werden mit *haben*, *sein* und *werden* gebildet.

>!< Im Passiv ist das Subjekt mit dem Gegenstand der Handlung identisch (= das, womit etwas geschieht) (1). Im Vordergrund steht ein Vorgang (2) oder ein Zustand (3):

(1) (2) Vorgangspassiv: *Der Bundespräsident wird alle fünf Jahre gewählt.*
(1) (3) Zustandspassiv: *Der Bundespräsident ist bereits gewählt.*

Nicht alle Verben können allerdings ins Passiv gesetzt werden, *gehören* kann z. B. nur in Aktivsätzen verwendet werden (4):

(4) *Das Buch gehört mir.*

>!< Von den intransitiven Verben kann entweder gar kein oder zumindest kein persönliches Passiv gebildet werden (5). Auch manche transitive Verben, die eine Menge, einen Körperteil o. Ä. als Akkusativobjekt besitzen, können kein Passiv bilden (6). Kein Passiv existiert zudem von den reflexiven Verben und den unpersönlichen Ausdrücken *es setzt* und *es gibt* (7):

(5) Aktiv-Satz: *Sie gehorchen dir immer.*
Passiv-Satz: *Es wird dir immer gehorcht.*
(= unpersönliches Passiv: Subjekt des Satzes ist *es*).
(6) *Dieses Glas enthält Schnaps.*
Nicht: *Schnaps wird von diesem Glas enthalten.*
(7) *Er kämmt sich.*
Nicht: *Er wird von sich gekämmt.*
Heute gibt es Blumenkohl.
Nicht: *Blumenkohl wird heute gegeben.*

Im Passiv sind die Verbformen in allen Zeiten zusammengesetzt. Sie werden im Vorgangspassiv mit *werden*, im Zustandspassiv mit *sein* gebildet.

Wegen der Ähnlichkeit der Zeitenbildung werden oft verwechselt: Futur I Aktiv (*werden* + Infinitiv) (8) und Präsens Passiv (*werden* + Partizip II) (9):

(8) *Ich werde meine Haare heute Nachmittag waschen.*
(Futur I Aktiv).

(9) *Meine Haare werden heute Nachmittag gewaschen.* (Präsens Passiv).

7. Personal- und Tempusformen im Überblick

>!< Das Präsens Indikativ Aktiv wird gebildet aus dem Präsensstamm und der Personalendung.

Die Personalendungen im Präsens sind:

-*e*	ich hüpf-*e*
-*(e)st*	du hüpf-*st*
-*e(t)*	er, sie, es hüpf-*t*
-*en*	wir hüpf-*en*
-*(e)t*	ihr hüpf-*t*
-*en*	sie hüpf-*en*

-*e* vor -*st/t* wird eingeschoben, wenn der Präsensstamm des Verbs auf -*d*, -*t* (1) oder Konsonant +*m* oder +*n* endet (2):

(1) *du meid-est, leit-est*
(2) *atm-est, öffn-est*

Bei den Verben auf -*eln* kann das -*e* in der 1. Person Singular Präsens entfallen (3):

(3) *ich trommle, neben: ich trommele*

>!< Das Präteritum wird aus dem Präteritumstamm und der Personalendung gebildet.

Nur der Präteritumstamm der schwachen Verben wird regelmäßig, d. h. durch Anhängen eines *-(e)t* an den Präsensstamm gebildet (1):

(1) *ich hüpf-t-e, ich lern-t-e, ich sag-t-e*

Vor der Präteritumendung *-t* wird ein *-e* eingefügt, wenn der Präsensstamm des Verbs auf *-d, -t* oder Konsonant *+m* oder *+n* endet (2):

(2) *ich betracht-et-e, ich atm-et-e, ich öffn-et-e*

Die Personalendungen des Präteritums sind:

schwache Verben		starke Verben		gemischte Verben
-e	ich hüpf-t-e	–	ich ging	dacht-e
-est	du hüpf-t-est	-(e)st	du ging-(e)st	dacht-est
-e	er hüpf-t-e	–	er ging	dacht-e
-en	wir hüpf-t-en	-en	wir ging-en	dacht-en
-et	ihr hüpf-t-et	-(e)t	ihr ging-(e)t	dacht-et
-en	sie hüpf-t-en	-en	sie ging-en	dacht-en

>!< Perfekt, Plusquamperfekt, Futur I und Futur II sind zusammengesetzte Zeiten, d. h. sie werden mit Hilfs-

verben und den entsprechenden Partizip- oder Infinitivformen des jeweiligen Vollverbs gebildet. Das Präsens besteht aus einer finiten Präsensform von *haben* oder *sein* und dem Partizip II des Vollverbs. Das Plusquamperfekt wird ebenso je nach Vollverb entweder mit *haben* oder *sein* und dem Partizip II gebildet, allerdings steht hier das Hilfsverb im Präteritum. Das Futur I setzt sich aus einer Präsensform von *werden* und dem Infinitiv des Vollverbs zusammen, und das Futur II besteht aus einer Präsensform von *werden*, dem Partizip II des Vollverbs und dem Infinitiv von *haben* oder *sein*.

Perfekt	Präsens von *haben/sein* + Partizip II (1)
Plusquamperfekt	Präteritum von *haben/sein* + Partizip II (2)
Futur I	Präsens von *werden* + Infinitiv (3)
Futur II	Präsens von *werden* + Partizip II + Infinitiv von *haben/sein* (4)

(1) Perfekt: *ich habe geleitet/ich bin gegangen*
(2) Plusquamperfekt: *ich hatte geleitet/ich war gegangen*
(3) Futur I: *ich werde leiten/ich werde gehen*
(4) Futur II: *ich werde geleitet haben/gegangen sein*

>!< Der Konjunktiv I (Präsens) wird aus dem Präsensstamm des Verbs gebildet, der Konjunktiv II (Präteritum) aus dem Präteritalstamm. Angehängt werden jeweils die

Personalendungen des Konjunktivs. Obwohl sich die Konjunktivformen von den Indikativformen der einzelnen Zeiten herleiten, können sie zeitlich andere Bedeutungen haben. Tempus und Modus dürfen nicht miteinander verwechselt werden.

Konjunktiv I Präsens schwache Verben	starke Verben	gemischte Verben
ich hüpf-e	geh-e	denk-e
du hüpf-est	geh-est	denk-est
er hüpf-e	geh-e	denk-e
wir hüpf-en	geh-en	denk-en
ihr hüpf-et	geh-et	denk-et
sie hüpf-en	geh-en	denk-en

Konjunktiv II Präteritum schwache Verben	starke Verben	gemischte Verben
ich hüpft-e	ging-e	dächt-e
du hüpft-est	ging-(e)st	dächt-est
er hüpft-e	ging-e	dächt-e
wir hüpft-en	ging-en	dächt-en
ihr hüpft-et	ging-(e)t	dächt-et
sie hüpft-en	ging-en	dächt-en

Bei den starken und gemischten Verben wird also der Stammlaut des Indikativ Präteritum im Konjunktiv II Präteritum durch den Umlaut ersetzt.

Diese Formen werden jedoch oft als unnatürlich oder altertümelnd empfunden. Man ersetzt sie daher gerne durch *würde* + Infinitiv (1):

(1) *ich log – ich löge → ich würde lügen*

>!< Die zusammengesetzten Zeiten werden im Konjunktiv wie folgt gebildet. Dabei ersetzt der Konjunktiv II des Futur I oft den Konjunktiv II Präteritum, der Konjunktiv II des Futur II kann für den Konjunktiv Plusquamperfekt stehen. Diese beiden Formen nennt man auch *würde*-Umschreibungen.

Konjunktiv I Perfekt	Konjunktiv I Präsens von *haben/sein* + Partizip II (1)
Konjunktiv II Plusquamperfekt	Konjunktiv II Präteritum von *haben/sein* + Partizip II (2)
Konjunktiv I Futur I	Konjunktiv I Präsens von *werden* + Infinitiv (3)
Konjunktiv II Futur I	Konjunktiv II Präteritum von *werden* + Infinitiv (4)
Konjunktiv I Futur II	Konjunktiv I Präsens von *werden* + Partizip II + Infinitiv von *haben/sein* (5)
Konjunktiv II Futur II	Konjunktiv II Präteritum von *werden* + Partizip II + Infinitiv von *haben/sein* (6)

(1) *er habe gegessen, er sei gegangen*
(2) *er hätte gegessen, er wäre gegangen*
(3) *er werde essen, er werde gehen*
(4) *er würde essen, er würde gehen*
(5) *er werde gegessen haben, er werde gegangen sein*
(6) *er würde gegessen haben, er würde gegangen sein*

Man unterscheidet zwei Arten von Passiv: das Vorgangspassiv und das Zustandspassiv.
Das Vorgangspassiv wird mit *werden* + Partizip II gebildet.
Das Zustandspassiv wird mit *sein* + Partizip II gebildet.

Präsens:	Präsens	von *werden/sein* + Partizip II
Präteritum:	Präteritum	von *werden/sein* + Partizip II
Perfekt:	Perfekt	von *werden/sein* + Partizip II
Plusquamperfekt:	Plusquamp.	von *werden/sein* + Partizip II
Futur I:	Futur I	von *werden/sein* + Partizip II
Futur II:	Futur II	von *werden/sein* + Partizip II

Der Imperativ Singular kann mit und ohne -*e* gebildet werden. Oft wird auf das -*e* verzichtet (1). Verben auf -*eln* und -*ern* bilden den Imperativ Singular mit -*e* und können dabei zugleich das -*e*- der Stammsilbe verlieren (2). Verben, deren Stamm auf -*d*, -*t* oder auf einen Konsonaten + *m/n* endet, erhalten oft ebenfalls ein -*e* (3).

(1) *Geh/Gehe! Lauf/Laufe!*
(2) *Trauere/Traure! Handele/Handle!*
(3) *Beende! Rechne!*

Die starken Verben, bei denen im Präsens Singular ein Vokal-Wechsel von -*e* zu -*i* stattfindet (*ich spreche, du sprichst*), bilden den Imperativ Singular mit der 2. Person Singular Präsens Indikativ Aktiv ohne die Personalendung -*st* (4). Hier darf kein -*e* angehängt werden:

(4) *Sprich! Stirb!*

>!< Der Imperativ Plural entspricht der 2. Person Plural Präsens Indikativ Aktiv (ohne Personalpronomen) (5):

(5) *Geht! Lernt! Wartet!*

>!< Die Höflichkeitsform entspricht der 3. Person Plural Präsens Indikativ Aktiv, wobei das Personalpronomen nachgestellt wird (6):

(6) *Hören Sie! Warten Sie!*

Der Imperativ lässt sich auf verschiedene Arten umschreiben. Dies kann durch einen unpersönlichen Passivsatz (1), einen Infinitiv (2) oder das Partizip II (3) geschehen:

(1) *Jetzt wird hier mal ordentlich aufgeräumt!*
(2) *Morgen früh um sechs: Antreten zum Appell!*
(3) *Stillgestanden!*

Die korrekte grammatikalische Bestimmung einer Verbform gibt Person, Numerus, Tempus, Modus und Genus verbindlich an (1):

(1) *du wirst kommen* = 2. Person Singular/Futur II/
Indikativ/Aktiv

VII. Das Adverb (Umstandswort)

Das Adverb bezeichnet die näheren Umstände eines Geschehens, einer Situation. Es kann selbstständig neben dem Verb auftreten (1). In attributivem Gebrauch (als Beifügung) kann es ein Substantiv (2), Adjektiv (3) oder Adverb (4) näher bestimmen.

(1) *Er kommt beizeiten.* Nähere Bestimmung eines Geschehens: Wann kommt er?
(2) *Ein Schlag von oben.* Nähere Bestimmung eines Substantivs.
(3) *Ein immer freundlicher Mensch.* Nähere Bestimmung eines Adjektivs.
(4) *Er kommt recht gern zu uns.* Nähere Bestimmung eines Adverbs.

Die Wortverbindung *von oben* in Beispiel 2 besteht aus Präposition + Adverb; es handelt sich also nicht um ein reines Adverb, sondern um eine so genannte adverbiale Bestimmung. Adverbiale Bestimmungen sind Satzglieder, d. h. sie bilden eine funktionale Kategorie, während die Wortarten vor allem formal und inhaltlich bestimmt sind. Ihre Verwendung im Satz ist der von Adverbien jedoch sehr ähnlich.

Das Adverb wird nicht verändert und weist keine einheitliche Form auf. Manche Adverbien werden jedoch mit einem bestimmten Suffix (Nachsilbe) wie *-weise (teilweise, schrittweise)*, *-wärts (himmelwärts, talwärts)* o. Ä. gebildet.

Man unterscheidet: Lokaladverbien (Umstandswörter des Ortes), Temporaladverbien (Umstandswörter der Zeit), Modaladverbien (Umstandswörter der Art und Weise), Kausaladverbien (Umstandswörter des Grundes) und Pronominaladverbien (Umstandsfürwörter).

1. Die Lokaladverbien (Umstandswörter des Ortes)

>!< Lokaladverbien bezeichnen Orts- und Richtungsverhältnisse. Sie geben Antwort auf die Fragen: *Wo?* (1), *Wohin?* (2) und *Woher?* (3):

(1) *Hier habe ich einmal gewohnt.*
(2) *Sie fahren diese Straße hinunter, an der nächsten Kreuzung fahren Sie nach links.*
(3) *Alles Gute kommt von oben.*

Weitere Lokaladverbien sind:

Wo?	hier, da, dort, oben, unten, drunten, überall, nirgends, irgendwo, hinten, links usw.
Wohin? (Richtung)	dorthin, hinauf, hinunter, drinnen, hinein, hinaus, nirgendwohin, anderswohin, nach hinten, nach links usw.

Woher? (Herkunft)	hierher, von oben (her), von (drinnen), herein, von überall her, von hinten, von rechts usw.

Manche Lokaladverbien werden leicht miteinander verwechselt.
Herum bedeutet „im Kreis", *umher* aber „kreuz und quer" (1). *Hin* drückt eine Richtung aus, die vom Sprecher fortweist; *her* drückt eine Richtung aus, die auf den Sprecher zuweist (2):

(1) *Wir liefen mehrfach um die berühmte Ausgrabungsstätte herum. Wir liefen den ganzen Tag in der Stadt umher.*
(2) *Komm bitte mal her! Wo willst du denn hin?*

2. Die Temporaladverbien (Umstandswörter der Zeit)

>!< Die Temporaladverbien bezeichnen Zeitbezüge von Handlungen, Ereignissen, Vorgängen sowie Sachverhalten und geben Antwort auf die Fragen: *Wann?* (1), *Wie lange?* (2), *Wie oft?* (3):

(1) *Vorhin habe ich bei dir angerufen.*
(2) *Er ist stets unzufrieden.*
(3) *Zuweilen gehen mir seine Witze auf die Nerven.*

Der folgende Kasten zeigt weitere Temporaladverbien:

Wann? (Zeitpunkt)	jetzt, gerade, schon, erst, endlich, sofort, bald, dann, vorher, damals, je, nie, heute, nachts usw.
Wie lange? (Zeitspanne)	immer, bisher, seitdem, noch usw.
Wie oft? (Häufigkeit)	selten, manchmal, oft, einmal, gelegentlich usw.

3. Die Modaladverbien (Umstandswörter der Art und Weise)

>!< Modaladverbien bezeichnen die Art und Weise, den Grad, das Ausmaß sowie die Intensität eines Geschehens und geben Antwort auf die Fragen: *Wie?/Auf welche Weise?* (1), *Wie sehr?* (2):

(1) *Er stürzte kopfüber ins Wasser.* (Wie?)
(2) *Ich kann das kaum glauben.* (Wie sehr?)

Weitere Modaladverbien sind u. a.:

Wie?	auch, kaum, umsonst, nein, vielleicht, wohl, gewiss, mindestens, gern, leider, blindlings
Wie sehr?	etwas, mehr, genug, bloß, nur, sehr, so, höchst, wenig, ganz usw.

Modaladverbien wie *an*, *bis*, *unter* u. a. können auch als Präpositionen (Verhältniswörter) dienen (1):

(1) *Unter zehn Euro bekommst du heute kaum mehr ein Buch.* (Modaladverb)
Er lag unter dem Auto und wechselte das Öl. (Präposition)

4. Die Kausaladverbien (Umstandswörter des Grundes)

>!< Kausaladverbien bezeichnen Ursachen, Gründe und Folgen von Geschehen oder Sachverhalten und geben Antwort auf die Fragen: *Warum?* (1), *Wodurch?* (2), *Wozu?* (3):

(1) *Er war krank; deswegen konnte er nicht kommen.*
(2) *Damit kannst du mich nicht beeindrucken.*
(3) *Dafür habe ich kein Geld übrig.*

Weitere Kausaladverbien sind u. a.:

darum, dadurch, damit, dazu, derart, also, trotzdem, deswegen, folglich usw.

Nur wenige der Temporal-, Modal- und Kausaladverbien können gesteigert werden. Es sind dies:

Positiv	Komparativ	Superlativ
oft	öfter	am öftesten/am häufigsten
wohl	besser/wohler	am besten/am wohlsten

Positiv	Komparativ	Superlativ
gern	lieber	am liebsten
sehr	mehr	am meisten (meist, meistens)
bald	eher	am ehesten (ehesten)

Im Komparativ kann es zur Bildung von adverbialen Genitiven in Verbindung mit *des* kommen (1). Manche Adverben weisen einen so genannten adverbialen Elativ auf; einige dieser Elative enden auf *-ens*. (2). Der Superlativ zusammengesetzter Adverbien ist flexionslos (beugungslos) (3):

(1) *Er hat schon des Öfteren seine Frau betrogen.*
(2) *Das musst du schleunigst nachholen.*
Wir fühlten uns bestens unterhalten.
(3) *Zuerst essen wir jetzt mal etwas Ordentliches.*
Du hättest mir zumindest vorher Bescheid sagen können.

Adverbiale Elative kommen auch in festen Wendungen mit *aufs* und *auf das* vor (4):

(4) Wir wurden aufs Herzlichste empfangen.

5. Die Pronominaladverbien (Umstandsfürwörter)

>!< Pronominaladverbien haben im Gegensatz zu den anderen Adverbien meist keine begleitende, sondern stellvertretende Funktion: Sie können sowohl ein Substantiv

(1), ein substantiviertes Adjektiv als auch einen ganzen Satz vertreten (2):

(1) *Ich freue mich über das Geschenk/darüber.*
(2) *Alle müssen wir einmal sterben. Daran lässt sich nichts ändern. (Daran* steht für den ganzen vorhergehenden Satz).

>!< Pronominaladverbien können nicht stellvertretend für präpositionale Ausdrücke stehen, wenn sich diese auf Personen beziehen (3):

(3) *Ich bin mit meinem Freund spazieren gegangen.*
Ich bin mit ihm spazieren gegangen.
(*Damit* ist hier nicht möglich).

Pronominaladverbien werden meist aus Adverbien wie *da, hier, wo* und Präpositionen (Verhältniswörtern) wie *an, auf, bei, durch, für, mit* usw. gebildet (4):

(4) *dadurch, hierfür, wobei*

>!< Adverbien, die mit einem Vokal enden, und Präpositionen, die mit einem Vokal beginnen, werden durch ein *-r* verbunden (5):

(5) *daraus, woran*

Pronominaladverbien wie *wo, warum, wobei* usw. können auch als Frageadverbien bezeichnet werden. Sie können Frage- (6) und Relativsätze (7) einleiten:

(6) *Wobei soll ich dir helfen?*
(7) *Das ist das Krankenhaus, wo ich geboren wurde.*

Adverbien sollten stets sinnvoll eingesetzt werden. Daher sollte man sie nicht im Zusammenhang mit Wörtern (Adjektiven, Adverbien u. a.), die eine ähnliche oder dieselbe Bedeutung haben, benutzen (1). Zu beachten ist freilich auch, dass manche Wiederholungen verstärkenden Charakter haben können (2):

(1) Falsch: *Er hat wieder von neuem um meine Hand angehalten.* Richtig: *Er hat wieder/von neuem um meine Hand angehalten.*
(2) *Er ist durch und durch von sich überzeugt. Das glaube ich dir nie und nimmer.*

VIII. Die Präposition (Verhältniswort)

Präpositionen bringen meist Verhältnisse lokaler, temporaler, modaler oder kausaler Art zum Ausdruck, können aber auch inhaltlich leer sein und lediglich dem Anschluss eines Objekts dienen. Sie verlangen meist einen bestimmten Kasus (1) und stehen oft vor dem Substantiv oder dem Pronomen, zu dem sie gehören (2):

(1) (2) wir sind vor/nach ihm angekommen.

Einige Präpositionen können sowohl den Dativ als auch den Akkusativ verlangen, besonders dann, wenn sie lokale (örtliche) Verhältnisse ausdrücken. Hier gilt:

Ruheposition (wo?) = Dativ (3) Bewegung (wohin?) = Akkusativ (4)

(3) *Ich stehe an dem Fenster* (wo? = Ruhe = Dativ).
(4) *Ich gehe an das Fenster* (wohin? = Bewegung = Akkusativ).

Einige Präpositionen können wahlweise voran- oder nachgestellt werden: *entgegen*, *gegenüber*, *gemäß*, *nach*, *unbeschadet*, *ungeachtet* (5):

(5) *Ich habe meinem Vater gegenüber/gegenüber meinem Vater ein schlechtes Gewissen.*

Bei den Präpositionen *entlang*, *zufolge* und *zu(un)gunsten* jedoch ändert sich der Kasus je nach Stellung der Präposition (6):

(6) *Ich habe zugunsten meines Bruders auf das Haus verzichtet* (zugunsten wessen = Genitiv).
Ich habe meinem Bruder zugunsten auf das Haus verzichtet (wem zugunsten = Dativ).

>!< Zweiteilige Präpositionen umklammern das entsprechende Substantiv/Pronomen (7):

(7) *Ich tue dir diesen Gefallen um unserer Freundschaft willen.*

Einige Präpositionen können mit dem bestimmten Artikel verschmelzen (8):

(8) *an dem Fenster = am Fenster; in dem Haus = im Haus*

Folgende Übersicht zeigt, welche Präpositionen mit welchem Kasus stehen:

Präpositionen, die den Genitiv verlangen, sind:

abseits, abzüglich, angesichts, anhand, anlässlich, anstatt, aufgrund/auf Grund, ausschließlich, außerhalb,

beiderseits, betreffs, bezüglich, binnen, diesseits, einschließlich, halber, hinsichtlich, infolge, inmitten, innerhalb, jenseits, kraft, längs, laut, mangels, mittels, oberhalb, seitens, seitlich, statt, trotz, um ... willen, ungeachtet, unterhalb, unweit, vermittels, von ... wegen, während, wegen, zeit, zuzüglich, zwecks

Präpositionen, die den Dativ verlangen, sind:

ab, aus, aus ... heraus, bei, dank, entgegen, entsprechend, ferner, gegenüber, gemäß, mit, mitsamt, nach, nächst, nebst, samt, seit, von, von ... aus, von ... heraus, zu, zuwider

Präpositionen, die den Akkusativ verlangen, sind:

bis, durch, für, gegen, ohne, um, wider

Präpositionen, die den Dativ oder Akkusativ verlangen, sind:

an, auf, hinter, in, neben, über, unter, vor, zwischen

Manche Präpositionen können verschiedene Fälle regieren (1). Nach *außer* folgt meistens der Dativ; nach Verben der Bewegung jedoch der Akkusativ und in festen Verbindungen der Genitiv (2). Nach *dank* kann der Dativ oder Genitiv stehen (3):

(1) *Ab erstem/ersten Februar stehen wir Ihnen wieder zur Verfügung. Laut seines Testaments/seinem Testament hat er nie einen Cent Vermögen besessen. Mehrere Tage marschierten wir längs dieses Flusses/ diesem Fluss. Wir erwarten Ihre Antwort binnen eines Tages/einem Tag.*

(2) *Außer ihrem Kind verbindet sie kaum mehr etwas. Dieser Fahrplan ist schon lange außer Kurs gesetzt. Nach der Machtergreifung seiner Feinde musste der berühmte Schriftsteller außer Landes gehen.*

(3) *Dank seinem großen Eifer/seines großen Eifers ist er nun endlich zum Vorsitzenden gewählt worden.*

Manchmal können auch zwei Präpositionen aufeinander folgen (4). Allerdings wirken solche Konstruktionen oft sehr verschachtelt und erschweren das Verständnis. Dann sollte man sie z. B. durch einen Relativsatz auflösen (5):

(4) *in vor dem Krieg erbauten Häusern, aufgrund von von der Regierung beschlossenen Neuerungen, dank mit Liebe ausgesuchter Geschenke*

(5) *Sie wohnten in vor dem Krieg erbauten Häusern. Sie wohnten in Häusern, die vor dem Krieg erbaut worden waren.*

IX. Die Konjunktion (Bindewort)

Bei den Konjunktionen unterscheidet man grundsätzlich zwei Gruppen: koordinierende (nebenordnende) Konjunktionen, die Wörter, Wortgruppen und gleichwertige Sätze miteinander verbinden (1) und subordinierende (unterordnende) Konjunktionen, die Nebensätze mit Hauptsätzen verbinden (2):

(1) *Peter und Paul*
(2) *Obwohl er Hunger hat, isst er nichts.*

Kategorien beiordnender Konjunktionen:

Kopulative (aneinander reihende) Konjunktionen: auch, außerdem, bald ... bald, dann, nicht nur ..., sondern ... auch, sowohl ... als (auch), sowohl ... wie, sowie, teils ... teils, und, weder ... noch usw.
Disjunktive (ausgrenzende) Konjunktionen: andernfalls, entweder ... oder, oder, sonst

Es gibt folgende Bedeutungsgruppen von Konjunktionen:

Nebenordnende Konjunktionen	Unterordnende Konjunktionen
Adversative Konjunktionen:	
aber, allein, jedoch, nur doch usw.	während, wohingegen

Nebenordnende Konjunktionen	Unterordnende Konjunktionen
Temporale Konjunktionen:	
	als, bevor, bis, ehe, indem, indessen, nachdem, seitdem, sobald, solange usw.
Kausale Konjunktionen:	
denn	da, weil, zumal, zumal da, nun usw.
Konsekutive Konjunktionen:	
also, daher, darum, demnach, deshalb usw.	dass, sodass, als dass
Finale Konjunktionen:	
darum, dazu	damit, dass, auf dass
Instrumentale Konjunktionen	
	dadurch, dass; damit, dass; indem
Konditionale Konjunktionen:	
andernfalls, sonst	falls, im Falle dass, wenn, sondern
Konzessive Konjunktionen:	
aber, trotzdem, zwar	obgleich, obschon, obwohl, wenngleich
Modale Konjunktionen:	
	indem
Vergleichende Konjunktionen:	
als, ebenso, genauso, so ... wie, desto, um so	als, als ob, als wenn, so ... wie, gleichwie, wie,

	wie ... wenn, je, je ... desto, je ... je, je ... umso, je ... nachdem
Restriktive Konjunktionen:	
(in)sofern, (in)soweit	(in)sofern, (in)soweit, inwiefern
Negierende Konjunktionen:	
geschweige (denn)	geschweige, dass; kaum dass; ohne dass; statt dass
Weitere Konjunktionen:	
	dass, ob, wie

Oft lässt sich keine klare Trennlinie zwischen Konjunktionen und bestimmten Adverbien ziehen. In manchen Grammatiken wird daher für diese Gruppe von Wörtern die Kategorie „Konjunktionaladverbien" verwendet.

Manche Konjunktionen (3) können auch als Präpositionen auftreten (4):

(3) *Während es regnete, schrieb ich einen Brief an meine Freundin.*
Es wird noch eine Weile dauern, bis der Täter gefangen sein wird.

(4) *Während des Regens schrieb ich einen Brief an meine Freundin.*
Bis zur Gefangennahme des Täters wird es noch eine Weile dauern.

X. Die Partikel

Partikeln können sehr verschiedenartige Aufgaben in Bezug auf den Satz erfüllen. Sie dienen, besonders im Gespräch, dazu, bestimmte Dinge hervorzuheben und zu unterstreichen, Einstellungen zu verdeutlichen, spontane Empfindungen zu artikulieren, Gesprächssituationen zu gliedern usw.

>!< Partikeln können weder als freie Angaben noch als notwendige Ergänzungen Satzgliedfunktion übernehmen. Stattdessen stellen sie Satzgliedteile dar (1) oder treten als so genannte Satzvertreter auf (2).

(1) *Selbst* Hugo hatte Angst.
(2) Ist dein Vater Ingenieur?
– *Nein*.

>!< Partikeln können oft auch als Vertreter anderer unflektierbarer Wortarten auftreten (1) (2). Sie sind bedeutungsarm und haben keine grammatische Funktion.

(1) Was ist *denn* los? (Modalpartikel)
(2) Ich schreibe mir alles Wichtige auf, *denn* ich bin sehr vergesslich. (Konjunktion)

Die Bezeichnung *Partikel* leitet sich übrigens vom lateinischen *particula* her, was so viel bedeutet wie *unveränder-*

bares Teilchen. Einige Grammatiken verstehen unter diesem Begriff alle unflektierbaren Wortarten, also Adverbien, Präpositionen, Konjunktionen etc. Im vorliegenden Band wird die Partikel jedoch als Wortart im engeren Sinn betrachtet.

Folgende Unterarten von Partikeln werden unterschieden:

1. Fokuspartikeln (Partikeln der Hervorhebung)

Aufgabe der Fokuspartikeln ist es, bestimmte Satzteile zu betonen und zu verstärken (1):

(1) *Ausgerechnet* unser Haus fiel den Flammen zum Opfer.
Allein Gabi konnte mal wieder nicht den Mund halten.

Andere Fokuspartikeln sind: *besonders, selbst, sogar, wenigstens, nur, allein, bloß.*

2. Modalpartikeln (Partikeln der Abtönung)

Modalpartikeln können die Reaktion des Sprechers auf einen Sachverhalt (1) bzw. seine Einstellung zu einem Thema (2) ausdrücken, ohne dies explizit zu formulieren. Oft wird dabei die Zustimmung des Hörers vorausgesetzt oder sie soll gewonnen werden.

Mit Modalpartikeln kann der Sprecher außerdem anzeigen, dass er bestimmte Fakten als bekannt voraussetzt (3). Sollte der Hörer die genauen Umstände vergessen haben, so wird er auf diese Art und Weise an sie erinnert:

(1) Das ist *doch* nicht dein Ernst!
(2) Das ist *schon* eine feine Sache.
(3) Die Polizei hat den Fall *ja* bereits zu den Akten gelegt.

Modalpartikeln sind besonders für die gesprochene Sprache von Bedeutung.

3. Gesprächspartikeln

>!< Zur Gruppe der Gesprächspartikeln gehören all diejenigen Wörter, die eine Funktion in Bezug auf das Gespräch erfüllen, dabei aber nicht in einen Satz eingebettet sind, sondern separat meist am Anfang oder am Ende stehen oder aber als Satzvertreter fungieren.

So können Gesprächspartikeln Zustimmung (1) ausdrücken; sie können aber auch, z. B. bei Verständigungsschwierigkeiten, Rückfragen anzeigen:

(1) *richtig, hm, stimmt, genau, exakt*
(2) *bitte?, wie?, ja?*

Zudem können sie ein Gespräch gliedern, indem sie z. B.

den Anfang (3) oder das Ende (4) einer Rede signalisieren. Auf diese Weise werden auch Sprecherwechsel angekündigt:

(3) *also, so, nun* (am Anfang eines Satzes)
(4) *oder?, richtig?, stimmt's?* (am Satzende)

Gesprächspartikeln können außerdem Antworten auf Entscheidungsfragen (5) sein, sowie Begrüßungen, Wünsche, Aufforderungen etc. (6):

(5) *ja (bitte), nein (danke), doch*
(6) *guten Morgen!, guten Tag!, tschüss!, hallo!, hi!, guten Appetit!, zum Wohl, aufgepasst!*

4. Interjektionen (Ausrufewörter)

Oft wird die Interjektion (Ausruf) in den Grammatiken als eigenständige Wortart behandelt; da sie jedoch hauptsächlich in der gesprochenen Sprache auftritt, könnte man sie ebenso gut als Gesprächspartikel betrachten. Im vorliegenden Band wird der Interjektion ein eigener Unterabschnitt gewidmet, um ihre Sonderstellung hervorzuheben.

>!< Interjektionen sind entweder spontane Gefühlsäußerungen (1) oder Nachahmungen von menschlichen (2), tierischen (3) oder anderen Lauten (4):

(1) *au, pfui, ih, herrje, jippie, nanu, auweia*
(2) *hatschi, hihi, trallala*
(3) *kuckuck, wuff, miau*
(4) *klingeling, tatütata*

Auch verkürzte Verbformen in der Umgangssprache, z. B. *stöhn!*, *ächz!*, *seufz!* zählen zu den Interjektionen.

Einige Grammatiken verzeichnen zusätzlich Negationspartikeln (5) und Gradpartikeln (6):

(5) *nicht, keineswegs* etc.
(6) *sehr, ziemlich, höchst, zutiefst* etc.

Wörter dieser Art werden hier als Modaladverbien behandelt (vgl. S. 135 ff.).

Teil 2: Der Satzbau

Der Satz ist die kleinste grammatikalisch vollständige Einheit eines Textes. Eine Analyse des Satzes kann sich beziehen auf die Bestandteile des Satzes (die Satzglieder), die Aussageabsicht des Satzes (die Satzarten) und auf Stellenwert, Form und Funktion des Satzes im Satzgefüge (Haupt- und Nebensatz).

XI. Die Satzglieder

Jeder grammatikalisch vollständige Satz lässt sich in mindestens zwei Satzglieder unterteilen. Die einzelnen Satzglieder sind durch Umstell- oder Austauschprobe erkennbar.

Bestimmung der Anzahl der Satzglieder in folgendem Satz:

Der Hausmeister öffnet am frühen Morgen das große Schultor.

>!< Umstellprobe: Nur diejenigen Teile eines Satzes sind Satzglieder, die umgestellt werden können, ohne dass der Satz dabei grammatikalisch falsch würde (1):

(1) *Der Hausmeister öffnet am frühen Morgen das große Schultor.*
Am frühen Morgen öffnet der Hausmeister das große Schultor.

Das große Schultor öffnet der Hausmeister am frühen Morgen.

Der Satz enthält vier Satzglieder:

Der Hausmeister/öffnet/am frühen Morgen/das große Schultor.

Das Adjektiv *groß* beispielsweise ist kein Satzglied, da es für sich allein nicht umgestellt werden kann; es ist vielmehr ein Satzgliedteil.

Das Prädikat (Satzaussage) bleibt immer an der zweiten Stelle.

>!< Austauschprobe: Nur diejenigen Teile des Satzes sind Satzglieder, die durch ein anderes Wort bzw. eine andere Wortgruppe ausgetauscht werden können, ohne dass sich dabei der Satzbau ändert (2):

(2) *Am frühen Morgen öffnet der Hausmeister das große Schultor.*
Später schließt er es.

Es gibt folgende Satzglieder: das Subjekt (Satzgegenstand), das Prädikat (Satzaussage), das Prädikativum, die Objekte (Satzergänzungen), das Adverbial (Umstandsangabe).

1. Das Subjekt (Satzgegenstand)

Das Subjekt ist das Satzglied, über das – durch das Prädikat (Satzaussage) – etwas mitgeteilt wird. Dabei kann das Subjekt ein Lebewesen, ein Gegenstand, ein nicht gegenständlicher, abstrakter Begriff oder ein Sachverhalt sein. Das Subjekt steht immer im Nominativ (1. Fall). Nach dem Subjekt erkundigt man sich mit der Frage: Wer oder was? (1):

(1) *Die Hunde bellen.*
Frage: *Wer oder was bellt?*
Antwort: *Die Hunde.*

>!< Das Subjekt bestimmt die Form des Prädikats nach Person und Numerus (Zahl) (2):

(2) *Die Kinder lachen.*
Frage: *Wer oder was lacht?*
Antwort: *Die Kinder.*
Die Kinder = Subjekt, 3. Person Plural
lachen = 3. Person Plural (*sie lachen*).

>!< In vielen Sätzen ist das Subjekt *es* (1). *Es* ist eine unbestimmte und unbekannte Größe. *Es* bestimmt das Prädikat nach der 3. Person Singular.

(1) *Es ist nicht so schwer.*

Das Subjekt muss nicht immer aus einem Substantiv oder einem Personalpronomen bestehen. Auch Numerale (1), Adjektive (2), Präpositionen (3), Infinitive (4) und Adverbien (5) können in substantivierter Form (= in der Funktion eines Substantivs) als Subjekt des Satzes auftreten.

(1) *Nur wenige haben damals seine Pläne ernst genommen.*
(2) *Das Beste kommt aber noch!*
(3) *Dieses Hin und Her ist ja nicht auszuhalten!*
(4) *Das Lügen fällt ihm wirklich nicht schwer.*
(5) *Das Heute bedrückt sie ebenso wie das Gestern.*

Das Subjekt kann auch ein ganzer Gliedsatz sein (6):

(6) *Wer andern eine Grube gräbt, fällt selbst hinein.*
(Wer oder was fällt selbst hinein?)
Antwort: *Wer andern eine Grube gräbt.*

>!< Die Stellung des Subjekts im Satz ist davon abhängig, um welche Satzart es sich handelt. Im Aussagesatz kann das Subjekt vor (1) oder nach dem Prädikat (Satzaussage) stehen.
Wird das Subjekt nachgestellt, spricht man von einer Inversion (Umkehrung der Satzgliedfolge) (2).
Die Vor- oder Nachstellung des Subjekts bewirkt eine unterschiedliche Betonung der einzelnen Satzglieder (3):

(1) (3) *Der Staatsanwalt legte gestern gegen das Urteil Berufung ein.*
Bei dieser Satzstellung wird betont, dass *der Staatsanwalt* Berufung einlegte.

(2) (3) *Gestern legte der Staatsanwalt gegen das Urteil Berufung ein.*
Betont wird hier die Tatsache, dass der Staatsanwalt *gestern* Berufung einlegte.

In der Satzfrage steht das Subjekt an zweiter oder dritter Stelle (1):

(1) *Gehen wir abends ins Kino?*
Kann mir jemand helfen?

Ist in einer Wortfrage das Subjekt mit dem Fragewort identisch, so steht es an erster Stelle vor dem Prädikat (2). Besitzt das Fragewort jedoch die Objektposition, so steht das Subjekt des Satzes nach dem Prädikat (3).

(2) *Wer geht mit mir ins Kino?*
(3) *Wen gedenkst du einzuladen?*

>!< Im Befehlssatz steht das Subjekt immer an zweiter Stelle (4):

(4) *Verschonen Sie mich mit Ihren Ausreden!*

2. Das Prädikat (Satzaussage)

Das Prädikat ist der Satzkern. Es teilt etwas über das Subjekt mit. Das Prädikat enthält immer ein finites Verb, bei einfachen Prädikaten nur dieses. Neben den einfachen gibt es noch zusammengesetzte Prädikate (1):

(1) *Die Frösche quaken.*
Frage: *Was machen die Frösche?*
Antwort: *Sie quaken.*
quaken = Prädikat

>!< Das Prädikat ist in seiner Form bestimmt durch die Person, den Numerus, das Tempus, den Modus und das Genus Verbi. Es bestimmt, welche zusätzlichen grammatikalischen Glieder notwendig sind, um einen vollständigen Satz zu bilden (2):

(2) *Die Urlauber liegen in der Sonne.*
Die Urlauber liegen wäre kein vollständiger Satz. Das Prädikat *liegen* erfordert eine nähere Bestimmung, hier eine adverbiale Bestimmung des Ortes.

>!< Das einfache Prädikat besteht nur aus einem finiten Verb, ohne jegliche Zusätze (1):

(1) *Der Schüler liest.*
liest = 3. Person Singular (Einzahl)

Das zusammengesetzte Prädikat besteht immer aus einem finiten Verb und einer infiniten (nicht gebeugten) Ergänzung. Dabei gibt es folgende Möglichkeiten:

>!< Zusammengesetztes Prädikat: finites Verb + Verbzusatz (Vorsilbe) (1),
zusammengesetztes Prädikat: finites Hilfsverb + Partizip II (Mittelwort der Vergangenheit) (2),
zusammengesetztes Prädikat: finites Modalverb (*wollen*, *mögen*, *können*, *dürfen*, *sollen* etc.) + Infinitiv (Grundform des Tätigkeitswortes) (3):

(1) *Der Zug fährt ab.*
fährt = finites Verb; *ab* = Verbzusatz (Vorsilbe)
(2) *Ich bin gegangen.*
bin = finites Hilfsverb; *gegangen* = Partizip II
(3) *Ich will spazieren gehen.*
will = finites Modalverb; *spazieren gehen* = infinite Verbformen.

Die Verbindung von *tun* und infinitem Vollverb ist standardsprachlich nicht korrekt (4):

(4) standardsprachlich falsch: *Ich tu jetzt kochen.*

>!< Im Aussagesatz steht der finite Prädikatsteil an der zweiten Stelle (1), der infinite Prädikatsteil (soweit vorhanden) am Ende des Satzes (2). Das zusammengesetzte

Prädikat bildet eine Klammer, zwischen deren beiden Teilen weitere Satzglieder stehen können (3):

(1) *Wir besuchen unsere Großeltern.*
(1) (2) (3) *Letzte Woche haben wir unsere Großeltern besucht.*

>!< In der Satzfrage steht der finite Prädikatsteil an erster Stelle (1), der infinite (soweit vorhanden) am Ende des Satzes (2):

(1) (2) *Habt ihr für das Wochenende schon eingekauft?*
Wollt ihr heute Abend ins Kino gehen?

>!< In der Wortfrage steht der finite Prädikatsteil an zweiter Stelle (3), der infinite (soweit vorhanden) am Ende des Satzes (4):

(3) (4) *Wann werden wir uns wiedersehen?*
Wo hat die Party stattgefunden?

>!< Im Aufforderungssatz (Wunsch-/Befehlssatz) steht der finite Prädikatsteil immer an erster Stelle (5), der infinite Prädikatsteil steht, soweit vorhanden, am Ende des Satzes (6):

(5) (6) *Lass das Geschirr ja nicht fallen!*
Pass bloß auf!

3. Das Prädikativum

Das Prädikativum (neuerdings auch unter Auslassung der lateinischen Endung als Prädikativ bezeichnet) stellt ein Satzglied dar, das mit einem anderen Satzglied – in der Regel dem Subjekt (Satzgegenstand), aber auch manchmal dem Objekt – gleichgesetzt wird und sich auf dieses bezieht.

>!< Das Prädikativum kann mit den Hilfsverben *sein* und *werden* sowie den Verben *bleiben, heißen* und *scheinen* auftreten. Als Prädikativa sind möglich: Substantive (1), meist im Nominativ, Pronomen (2), Adjektive (3), Numeralien (4) und Adverbien (5):

(1) *Er ist Metzger.*
(Das Prädikativum ist das Substantiv *Metzger*; es bezieht sich auf das Subjekt *er*, steht im Nominativ und tritt mit dem Hilfsverb *sein* auf.)
(2) *Mein Bruder war es.* (Prädikativum = Pronomen *es*)
(3) *Er blieb unbestechlich.*
(Prädikativum = Adjektiv *unbestechlich*)
(4) *Es waren etliche.* (Prädikativum = Numerale *etliche*)
(5) *Unsere Bemühungen schienen umsonst.*
(Prädikativum = Adverb *umsonst*)

>!< Adjektive in der Funktion des Prädikativums sind endungslos (6), es sei denn, sie sind substantiviert (7):

(6) *Er blieb unbestechlich.*
(7) *Er blieb der Unbestechliche, der er immer gewesen war.*

Das Prädikativum steht meist im Nominativ, gelegentlich jedoch kann es auch in anderen Kasus stehen:
Er wird sicher auch meiner Ansicht sein.
(Prädikativum im Genitiv/2. Fall)
Er war bei Sinnen. (Prädikativum im Dativ/3. Fall)
Er ist ohne Hoffnung. (Prädikativum im Akkusativ/4. Fall)

4. Das Objekt (Satzergänzung)

Die Objekte sind vom Prädikat oder vom Prädikativum eines Satzes abhängig. Der jeweilige Kasus, in den die Objekte gesetzt werden, wird daher vom Prädikat bestimmt.
Man unterscheidet: Genitivobjekt (Ergänzung im 2. Fall), Dativobjekt (Ergänzung im 3. Fall) und Akkusativobjekt (Ergänzung im 4. Fall).
Neben diesen Objekten gibt es noch das Präpositionalobjekt. Der Kasus der Präpositionalobjekte wird von der Präposition bestimmt, die zum Prädikat/Prädikativum gehört. Nicht ganz leicht ist es, zwischen Präpositionalobjekt und adverbialer Bestimmung zu unterscheiden.

Das Genitivobjekt (Ergänzung im 2. Fall) steht auf die Frage: Wessen? (1). Nur mehr wenige Verben erfordern ein Genitivobjekt (2). Im modernen Sprachgebrauch wird es häufig durch ein Präpositionalobjekt ersetzt (3). Das Genitivobjekt findet sich noch in einigen festen Redewendungen (4):

(1) (2) *Wir werden uns deiner erinnern.*
(2) (3) *Wir werden uns an dich erinnern.* (Ersatz des Genitivobjekts *deiner* durch das Präpositionalobjekt *an dich*)
(4) *Diese Frisur spottet jeder Beschreibung.* (Feste Redewendung)

Verben, die ein Genitivobjekt erfordern, sind u. a.: *anklagen, bedürfen, beschuldigen, bezichtigen, entbehren, sich enthalten, sich entledigen, sich entsinnen, ermangeln, gedenken, harren, sich schämen, überführen, sich wehren.*

>!< Das Dativobjekt (Ergänzung im 3. Fall) steht auf die Frage: Wem?; und zwar meist nach intransitiven Verben (1) oder Verben, die zwei Objekte erfordern (2):

(1) *Wir danken unserm Schöpfer.*
(Frage: *Wir danken wem?*; *danken* = intransitives Verb)
(2) *Er hat seiner Freundin Blumen geschenkt*
(Frage: *Wem hat er Blumen geschenkt?* – Dativobjekt; *schenken* erfordert zwei Objekte. *Blumen* = Akkusativobjekt)

Das Akkusativobjekt (Ergänzung im 4. Fall) steht auf die Frage: Wen oder was? (1). Es wird von den transitiven Verben verlangt (2):

(1) (2) *Er beleidigte ihn.*
Frage: *Wen beleidigte er?*
Antwort: *ihn* = Akkusativobjekt
beleidigen = transitives Verb

Das Präpositionalobjekt steht nach Prädikaten, die eine bestimmte Präposition erfordern (1). Diese Präposition bestimmt ihrerseits den Kasus (2):

(1) (2) *Dieses Verhalten verstößt gegen alle Regeln.*
(Das Verb *verstoßen* erfordert die Präposition *gegen*; nach *gegen* steht der Akkusativ *alle Regeln*.)

Kann ein Prädikat mit verschiedenen Präpositionen stehen, so gibt es zwei Möglichkeiten: Ändert sich der Sinngehalt des Prädikats mit Wechsel der Präposition, so folgt notwendigerweise ein Präpositionalobjekt (3). Ändert sich der Sinngehalt des Prädikats nicht, so folgt als mögliche, durch eine Präposition eingeleitete Ergänzung eine adverbiale Bestimmung (4):

(3) *Er setzte sich mit den anderen Reiseteilnehmern zusammen.*

(3) *Die „Nordische Kombination" setzt sich aus zwei Disziplinen zusammen.*

(Je nach Präposition ändert sich der Sinngehalt des Verbs *sich zusammensetzen*.)

(4) *Er liegt in der Sonne/unter dem Tisch/auf der Liege.*

(Der Sinngehalt des Prädikats *liegt* ändert sich mit Wechsel der Präposition nicht.)

>!< Für die Reihenfolge der Dativ- und Akkusativobjekte gelten folgende Regeln:

Die Objekte sind:	Reihenfolge:
zwei Substantive (1)	Dativobjekt vor Akkusativobjekt
ein Substantiv, ein Pronomen (2)	Objekt aus Pronomen vor Objekt aus Substantiv
zwei Pronomen (3)	Akkusativobjekt vor Dativobjekt

(1) *Er schreibt seinen Eltern eine Karte.*
(2) *Er schreibt ihnen eine Karte.*
(3) *Er schreibt sie ihnen.*

>!< Für die Reihenfolge der Dativ-/Akkusativ- und Genitiv-/Präpositionalobjekte gilt die folgende Reihenfolge: Dativ-/Akkusativobjekt vor Genitiv-/Präpositionalobjekt (4):

(4) *Er riet der Kundin zu dem Kauf.*
(Dativobjekt vor Präpositionalobjekt)
Er klagte den Verdächtigen des Mordes an.
(Akkusativobjekt vor Genitivobjekt)

Dabei spielt die Wortartzugehörigkeit der Objekte keine Rolle (5):

(5) *Er riet ihr zu dem Kauf.*
Er klagte ihn des Mordes an.

>!< Die Objekte stehen meist nach dem Prädikat (1). Ein zusammengesetztes Prädikat umklammert die Objekte (2). Nur bei der Inversion (Umkehrung der Wortstellung) kann ein Objekt vor dem Prädikat stehen (3), ein mögliches weiteres Objekt steht nach dem Subjekt (4):

(1)	Es	fehlte	ihm	an Taktgefühl	
	Subjekt	Prädikat	Dativobjekt	Präpositionalobjekt	
(2)	Es	hat	ihm	an Taktgefühl	gefehlt
	Subjekt	finiter Prädikatsteil	Dativobjekt	Präpositionalobjekt	infiniter Prädikatsteil
(3)	Ihm	fehlte	es	an Taktgefühl	
	Dativobjekt	Prädikat	Subjekt	Präpositionalobjekt	
(4)	An Taktgefühl	fehlte	es	ihm	
	Präpositionalobjekt	Prädikat	Subjekt	Dativobjekt	

5. Das Adverbial (Umstandsbestimmung)

Das Adverbial kennzeichnet die näheren Umstände eines Geschehens oder eines Sachverhalts (1).
Es ist vom Prädikat unabhängig und zur Bildung eines grammatikalisch richtigen Satzes nicht unbedingt erforderlich. Es liefert jedoch wesentliche Zusatzinformationen zum Verständnis des Geschehens (2):

(1) (2) *Trotz wiederholter Ermahnungen störte der Schüler immer wieder den Unterricht.*
Auch ohne die beiden Adverbiale *Trotz wiederholter Ermahnungen* und *immer wieder* wäre der Satz grammatikalisch richtig (der Schüler störte den Unterricht), jedoch weniger aussagekräftig.

Adverbiale können ganz unterschiedliche Funktionen erfüllen. So können sie sich auf den Satzinhalt (3), oder auf das Verb (4) beziehen, oder aber sie modifizieren die Satzaussage als Ganze (5). Den dritten Fall erkennt man daran, dass sich das Adverbial zu einem Teilsatz auflösen lässt (6).

(3) *Gestern hatte ich Bauchschmerzen.*
(4) *Sie betete inbrünstig.*
(5) *Vermutlich hast du diese Möglichkeit noch gar nicht bedacht.*
(6) *Ich vermute, du hast diese Möglichkeit noch gar nicht bedacht.*

>!< Als Adverbiale können u. a. auftreten: ein Substantiv im Akkusativ (7), ein Substantiv nach einer Präposition (8), ein Pronomen nach einer Präposition (9), ein substantivierter Infinitiv nach einer Präposition (10), ein nicht flektiertes Adjektiv (11) und ein Adverb (12):

(7) *Er zögerte eine Sekunde.*
(8) *Er ging in den Keller.*
(9) *Er floh vor ihnen.*
(10) *Er bestand die Prüfung mit Hängen und Würgen.*
(11) *Er sang laut.*
(12) *Er raucht selten.*

>!< Zur Unterscheidung Adverb/Adverbial: Das Adverb ist eine Wortart, das Adverbial ein Satzglied. Dabei kann das Adverb durchaus öfter in der Funktion des Adverbials auftreten, Adverbiale können jedoch ebenso mithilfe anderer Wortarten gebildet werden.

Die Umstände eines Geschehens oder eines Sachverhalts, die durch Adverbiale benannt werden, können verschiedener Art sein. Man unterscheidet daher folgende Untergruppen, die jeweils weiter aufgespalten werden können. Dabei sind die Grenzen oft fließend:

>!< Das lokale Adverbial (Umstandsbestimmung des Ortes) steht auf die Fragen: *Wo?* (1), *Wohin?* (2), *Woher?* (3):

(1) Er bastelt im Keller.
(2) Er geht in das Büro.
(3) Er kommt vom Land.

>!< Das temporale Adverbial (Umstandsbestimmung der Zeit) steht auf die Fragen: Wann? (1), Wie lange?, Seit wann?, Bis wann?, Wie oft? (2):

(1) Sie wird demnächst eintreffen.
(2) Er arbeitete sein ganzes Leben lang bei derselben Firma.
Wir gehen täglich spazieren.

>!< Das modale Adverbial (Umstandsbestimmung der Art und Weise) steht auf die Fragen: Wie? (1), Wie viel?, Wie sehr?, Woraus? (2):

(1) Sie tanzt hinreißend.
(2) Wir lachten bis zum Abwinken.
Dieser Tisch ist aus Buchenholz.

>!< Das kausale Adverbial (Umstandsbestimmung des Grundes) steht auf die Fragen: Warum?, Weshalb? (1):

(1) Er war vor lauter Übermut nicht mehr zu bremsen.
Sie zahlte die Kaution aus Liebe.
Er heiratet sie nur aus Berechnung.

>!< Das konsekutive Adverbial (Umstandsbestimmung der Folge) steht auf die Fragen: Mit welcher Wirkung?, Mit welcher Folge? (1):

(1) *Zu meinem Bedauern muss ich diesen Termin absagen.*
Er brachte mich zum Weinen.

>!< Das finale Adverbial (Umstandsbestimmung des Zwecks/Ziels) steht auf die Fragen: In welcher Absicht?, Wozu? (1):

(1) *Zu seiner Rechtfertigung unternahm er viele Schritte.*
Zum Tauchen braucht man eine gute Ausrüstung.

>!< Das instrumentale Adverbial (Umstandsbestimmung des Mittels) steht auf die Fragen: Womit? (1) oder Wodurch? (2):

(1) *Wir fahren mit dem Fahrrad.*
Mit dem Hammer schlug er den Nagel in die Wand.
(2) *Durch dieses Erdbeben verloren Zehntausende ihr Obdach.*

>!< Das konditionale Adverbial (Umstandsbestimmung der Bedingung) steht auf die Fragen: In welchem Fall? (1), Unter welcher Bedingung? (2):

(1) *Bei genauerer Betrachtung sieht dies alles doch ganz anders aus.*
(2) *Unter diesen Umständen verweigere ich meine Zustimmung.*

>!< Das konzessive Adverbial (Umstandsbestimmung der Einräumung) steht auf die Frage: Trotz welchen Umstands? (1):

(1) *Wir gingen trotz eisiger Kälte zum Skifahren.*

6. Das Attribut (Beifügung)

Im Gegensatz zu Subjekt, Prädikat (Prädikativum), Objekt und Adverbial handelt es sich beim Attribut nicht um ein Satzglied, sondern um ein Satzgliedteil, das innerhalb eines Satzes nicht selbstständig umgestellt werden kann. Das Attribut kennzeichnet als Beifügung ein Bezugswort, oft ein Substantiv, aber auch Adjektive, Partizipien oder Adverbien, näher; ein Bezugswort kann von mehreren Attributen begleitet werden.

Als Attribute können – im Wesentlichen – auftreten:

Bezugswort	**Attribut**
Substantiv	– Substantiv im Genitiv (1) – Substantiv im gleichen Kasus wie das Bezugswort (2) – Substantiv nach Präposition (3)

Substantiv	– Substantiv nach Konjunktion (4) – Pronomen (5) nach Präposition (6) – Adjektiv/Partizip (7) – Numerale (8) – Adverb (9) nach Präposition (10) – Verb im Infinitiv (11)

Bezugswort	**Attribut**
Adjektiv/Partizip	– nicht flektiertes (12) Adjektiv – Adverb (13)

Bezugswort	**Attribut**
Adverb	– nicht flektiertes Adjektiv (14) – Adverb (15)

Bezugswort Substantiv:

(1) *die Tiere der Alpen*
(2) *ein Pfund Zucker*
(3) *die Trauer um die Toten*
(4) *fleißig wie eine Biene*
(5) *mein/dieses/jenes Haus*
(6) *ein Freund von mir*
(7) *ein neues Haus*
(8) *das dritte Kind*
(9) *der Weg dorthin*
(10) *der Zug nach dort*
(11) *seine Bereitschaft zu lernen*

Bezugswort Adjektiv/Partizip:

(12) *ein unglaublich heißer Tag*
(13) *ein oft geäußerter Wunsch*

Bezugswort Adverb:

(14) *Er fährt weit rechts.*
(15) *sehr selten*

>!< Handelt es sich bei dem Bezugswort um ein Substantiv, so stimmt das vorangestellte Attribut mit diesem in Genus, Numerus und Kasus überein (16). Hingegen wird ein nachgestelltes Adjektiv als Attribut meist nicht flektiert (17):

(16) *ein alter Mann; meine Kinder; dieses Wochenende*
(17) *Er bestellte sich eine Forelle blau.*

XII. Die Satzarten

Je nach Aussageabsicht unterscheidet man vier Satzarten: den Aussagesatz, den Fragesatz, den Aufforderungssatz und den Ausrufesatz.

Der Aussagesatz

>!< Im Aussagesatz wird über ein Geschehen bzw. über einen Sachverhalt berichtet (1):

(1) *Herr Müller ist heute nicht im Haus.*

Formal erkennt man den Aussagesatz an folgenden Merkmalen:
- das finite Verb steht meist an zweiter Stelle;
- es kann im Indikativ oder im Konjunktiv II stehen (aber niemals im Imperativ);
- im Aussagesatz können keine Fragewörter (z. B. *wann, wie, warum, was* etc.) stehen;
- der Satz wird normalerweise mit einem Punkt beschlossen.

Der Fragesatz

Im Fragesatz wird nach einer Person, einer Sache, einem Geschehen oder einem Sachverhalt gefragt. Man unterscheidet Entscheidungsfragen und Ergänzungsfragen.

Bei den Entscheidungsfragen erwartet man, dass der Gefragte eine entschiedene Antwort gibt (*ja* oder *nein*), die sich auf den ganzen Satz bezieht (1). Entscheidungsfragen werden auch als Satzfragen bezeichnet (2):

(1) (2) *Ist Herr Müller heute im Haus?*
Antwort: *Ja.* (Herr Müller ist im Haus.)
Nein. (Herr Müller ist nicht im Haus.)
Ich weiß nicht. (Eine entschiedene Antwort ist dem Gefragten zum momentanen Zeitpunkt nicht möglich.)
Vielleicht/wahrscheinlich/möglich/kaum. (Eine definitive Antwort *ja* oder *nein* wird so umgangen.)

Folgende Merkmale kennzeichnen die Entscheidungsfrage:
- das finite Verb steht meist an erster Stelle;
- es steht im Indikativ oder im Konjunktiv II;
- der Satz wird mit einem Fragezeichen abgeschlossen.

Bei den Ergänzungsfragen erwartet man, dass der Gefragte eine Antwort gibt, die bereits bekannte Informationen ergänzt. Die Antwort besteht aus einem Wort oder einer Wortgruppe (1), deshalb werden Ergänzungsfragen auch als Wortfragen bezeichnet. Ergänzungsfragen werden von einem Fragewort (*wer*, *wen*, *was*, *wann*, *warum*, *wo*, *wohin*, *woher* usw.) eingeleitet (2):

(1) (2) *Wer ist heute alles im Haus?*
Antwort: *Herr Müller, Frau Dietrich und Frau Maier.*

Die Ergänzungsfrage ist formal folgendermaßen gekennzeichnet:
- sie wird durch ein Fragewort (Interrogativpronomen oder Interrogativadverb) eingeleitet;
- das finitive Verb steht an zweiter, bisweilen auch an letzter Stelle;
- es tritt im Infinitiv oder im Konjunktiv II auf;
- als Satzschlusszeichen wird das Fragezeichen gesetzt.

>!< Neben Entscheidungs- und Ergänzungsfragen gibt es noch rhetorische Fragen, bei denen eine Antwort nicht erwartet wird, da diese Fragen nur das eigene Urteil unterstreichen sollen (3):

(3) *Habe ich es euch nicht von Anfang an gesagt?*

Der Aufforderungssatz

>!< Im Aufforderungssatz wird einer Aufforderung, einem Vorschlag oder einem Befehl Ausdruck verliehen (1):

(1) *Setzen Sie sich!*
Guck doch im Lexikon nach!
Kommt sofort ins Haus!

Den Aufforderungssatz erkennt man an folgenden Merkmalen:
- das finitive Verb steht an erste Stelle;
- sein Modus ist der Imperativ;
- Satzschlusszeichen können das Ausrufezeichen oder der Punkt sein.
- Aufforderungen sind formal nicht an die Satzart Aufforderungssatz gebunden. Sie können auch durch Frage- (2) oder Aussagesätze (3) ausgedrückt werden:

(2) *Könnten Sie mir bitte die Milch reichen?*
(3) *Du räumst jetzt sofort dein Zimmer auf!*

Der Ausrufesatz

>!< Im Ausrufesatz wird einer persönlichen Wertung (1) oder Anteilnahme Ausdruck verliehen:

(1) *Wie dumm habe ich mich damals benommen!*

Der Ausrufesatz weist folgende formale Merkmale auf:
- das finitive Verb kann an erster, zweiter oder letzter Stelle im Satz stehen;
- es steht im Indikativ oder im Konjunktiv II;
- am Ende des Satzes steht ein Ausrufezeichen.

Die Grenzen zwischen Aussage-, Frage-, Aufforderungs- und Ausrufesatz sind, wie oben beschrieben, mitunter fließend. Auf der einen Seite handelt es sich um formal bestimmte Kategorien, auf der anderen Seite sind jedem Satztypus aber auch inhaltliche Merkmale zugeordnet. Doch wie man gesehen hat, decken sich Form und Inhalt nicht immer. Aus diesem Grund ist beispielsweise eine Aufforderung in Form eines Aufforderungssatzes zwar der Normalfall, aber nicht zwangsläufig die Regel.

Die Negation (Verneinung)

Eine Aussage kann auf verschiedene Weise zum Teil oder völlig negiert werden: durch die Verwendung von Wörtern mit negierender Bedeutung (1), durch die Einführung eines Negationselements in Wörter (z. B. *un-*, *in-*, *miss-*) (2), durch den Gebrauch von Negationswörtern wie *nie*, *niemand*, *kein*, *nicht* o. Ä. (3):

(1) *Ich bezweifle die Richtigkeit seiner Aussage. Er hat in dieser Angelegenheit sehr glücklos agiert.*
(2) *Hugo ist sehr indiskret. Walter ist immer noch misstrauisch.*
(3) *Hier wohnt niemand mehr. Inge besitzt kein Auto. Er geht nie vor Mitternacht ins Bett. Ich glaube ihr nicht.*

>!< Zu unterscheiden ist zwischen der Satznegation und der Sondernegation. Bei der Satznegation wird die gesamte

Aussage verneint (1), bei der Sondernegation hingegen nur ein Teil der Aussage (2):

(1) *Hans hat Susanne nicht geliebt.*
(2) *Hans hat Susanne nicht geliebt, wohl aber Gabi.*

In Ausrufe- und Fragesätzen kann das Wörtchen *nicht* stehen, ohne eine Verneinung zu bewirken (3). In Fragesätzen kann es zudem darauf hinweisen, dass der Fragende eine Bestätigung erwartet (4):

(3) *Was hat diese Frau nicht alles geleistet! Hast du mich nicht verstanden?*
(4) *Liebst du mich nicht? Aber natürlich!*

XIII. Satzreihe und Satzgefüge

Im Gegensatz zum einfachen Satz ist der zusammengesetzte Satz komplexer Natur und umfasst zwei oder mehrere Teilsätze. Bei Aneinanderreihungen von Sätzen unterscheidet man:

– eine Nebeneinanderstellung gleichwertiger Sätze (Hauptsatz + Hauptsatz oder Nebensatz + Nebensatz) = Satzreihe.
– eine Aneinanderreihung von Haupt- und Nebensatz (Nebensätzen) = Satzgefüge.

1. Die Satzreihe

>!< Gleichwertige Sätze können ohne (1) und mit (2) Konjunktionen verbunden werden:

Ohne Konjunktion (asyndetische Satzreihe):
(1) *Vater repariert das Auto, Mutter kocht.*
(Nebeneinanderstellung zweier Hauptsätze)
(1) *Ich sagte ihm, ich könne nicht kommen, ich sei krank.*
(Nebeneinanderstellung zweier Nebensätze *ich könne nicht kommen/ich sei krank*).

Mit Konjunktion (syndetische Satzreihe):
(2) *Vater repariert das Auto und Mutter kocht.*
(2) *Ich sagte ihm, ich sei krank und ich könne nicht kommen.*

2. Das Satzgefüge

Besteht ein zusammengesetzter Satz aus Haupt- und Nebensatz, so spricht man von einem Satzgefüge. Hauptsätze sind selbstständige, unabhängige Sätze, die jederzeit auch für sich allein stehen können (1). Nebensätze können – obwohl sie vollständige Sätze sind – nicht für sich allein stehen; sie sind vom Hauptsatz abhängig (2): Hauptsätze werden daher auch als übergeordnete, Nebensätze als untergeordnete Sätze bezeichnet.

(1) *Er verbringt seinen Urlaub in den Bergen, sie fährt ans Meer.*
(Zwei Hauptsätze, von denen jeder für sich allein stehen könnte.)
(2) *Sie fährt gerne ans Meer, weil ihr das Klima gut tut.*
(Der Hauptsatz könnte allein stehen: *Sie fährt gerne ans Meer.*
Der Nebensatz könnte nicht alleine stehen:
..., weil ihr das Klima gut tut.)

>!< Der Nebensatz kann dem Hauptsatz voran- (1) oder nachgestellt (2) werden bzw. von diesem umklammert (3) sein:

(1) *Weil Sie immer gut gearbeitet haben, möchte ich Ihr Gehalt erhöhen.*
(Vorangestellter Nebensatz)

(2) *Ich möchte Ihr Gehalt erhöhen, weil Sie immer gut gearbeitet haben.*
(Nachgestellter Nebensatz)

(3) *Ich möchte, weil Sie immer gut gearbeitet haben, Ihr Gehalt erhöhen.*
(Vom Hauptsatz umklammerter Nebensatz)

Attributsätze stehen meist direkt nach dem Wort, auf das sie sich beziehen (4):

(4) *Der Bäcker, bei dem wir sonst immer unsere Brezeln kaufen, ist zurzeit im Urlaub.*

>!< Nebensätze sind meist auch an der Endstellung des Prädikats (1) erkennbar:

Hauptsatz: Ich bin wirklich müde (einfaches Prädikat)

(1) *Ich sagte ihm, dass ich wirklich müde wäre.*

Dies gilt nicht für Nebensätze ohne Einleitungswort (2):

(2) *Ich sagte ihm, ich könne heute nicht zu ihm kommen.*

>!< Der Relativsatz wird meistens mit einem Relativpronomen (1) oder – seltener – mit einem Frageadverb (2) eingeleitet:

(1) *Die Informationen, die ich von Ihnen erhalten habe, waren sehr nützlich.*
(2) *Ich zeige dir den See, wo wir immer baden gehen.*

>!< Der indirekte Fragesatz wird durch ein Interrogativpronomen (1) oder ein Frageadverb (2) eingeleitet:

(1) *Ich möchte bloß wissen, wer dafür verantwortlich ist.*
(2) *Könnten Sie mir erklären, warum dies so ist?*

>!< Der Konjunktionalsatz wird durch eine unterordnende Konjunktion eingeleitet.

Es gibt temporale (1), modale (2), kausale (3), konditionale (4), konsekutive (5), finale (6), adversative (7) und konzessive (8) Konjunktionalsätze.

(1) *Nachdem er den Hauptgang beendet hatte, bestellte er ein Dessert.*
(2) *Er gestand ihr seine Liebe, indem er sie küsste.*
(3) *Da es regnete, mussten wir zu Hause bleiben.*
(4) *Wenn du nichts dagegen hast, gehe ich jetzt.*
(5) *Der Nebel war so dick, dass man die Hand nicht vor den Augen sehen konnte.*
(6) *Er passte sehr auf, damit er nichts kaputt machte.*
(7) *Patrick mag Katzen, während Emma Hunde liebt.*
(8) *Obwohl seine Chancen sehr schlecht waren, plädierte der Rechtsanwalt auf nicht schuldig.*

>!< Nach den Verben des Denkens/Fühlens und Sagens/Hörens fehlt im Nebensatz häufig das Einleitungswort (1):

(1) *Sie dachte, er verheimliche ihr etwas* (statt: *dass er ihr etwas verheimliche*).

Auch bei einigen indirekten Fragesätzen und Konjunktionalsätzen kann der Nebensatz ohne Einleitungswort stehen (2):

(2) *Ich möchte wissen, lügt er oder spricht er die Wahrheit?* (statt: ..., *ob er lügt oder die Wahrheit spricht.*)

>!< Es gibt auch verkürzte Nebensätze. Dazu zählen der Infinitiv- (3) und der Partizipsatz (4). In verkürzten Nebensätzen stehen die infiniten Verbformen (Infinitiv, Partizip) anstelle des Prädikats (5):

(3) (5) *Er kam mir zu Hilfe, ohne auch nur einen Augenblick zu zögern.*
(Infinitivsatz statt: ..., *ohne dass er auch nur einen Augenblick gezögert hätte.*)
(4) (5) *Von der Reise zurückgekehrt, rief er all seine Bekannten an.*
(Partizipsatz statt: *Als er von der Reise zurückgekehrt war, ...*)

>!< Alle Satzglieder (mit Ausnahme des Prädikats) können durch einen Nebensatz ersetzt werden (1).
Man spricht in diesem Fall von einem Gliedsatz (2) im Gegensatz zum Attributsatz:

(1) (2) Subjekt – Subjektsatz
Sein Verhalten schien mir unverständlich.
Warum er dies getan hatte, schien mir unverständlich.

(1) (2) Objekt – Objektsatz
Ich verstehe sein Verhalten.
Ich verstehe, dass er sich so verhalten hat.

(1) (2) Adverbial – Adverbialsatz
Vor lauter Übermut war er nicht mehr zu bremsen.
Da er vollkommen übermütig war, war er nicht mehr zu bremsen.

(1) (2) Prädikativum – Prädikativsatz
Sein größter Wunsch war ein eigenes Haus.
Sein größter Wunsch war, dass er einmal ein eigenes Haus besitzen würde.

Ersetzt der Nebensatz ein Attribut, d. h. einen Satzgliedteil, spricht man von einem Attributsatz (3):

(3) Attribut – Attributsatz
Er war ein sympathischer Mensch.
Er war ein Mensch, der mir sympathisch war.

>!< Unter dem Zeitverhältnis versteht man die zeitliche Abhängigkeit zweier (oder mehrerer) Sätze voneinander. Anders als in einigen Fremdsprachen gibt es im Deutschen keine streng festgelegte Zeitenfolge innerhalb des zusammengesetzten Satzes. Zu beachten ist allerdings Folgendes: Zeitverhältnisse werden durch das Tempus (1), ein Adverb (2) oder eine Konjunktion (3) ausgedrückt. In der Verbindung von Haupt- und Nebensätzen ist immer der Hauptsatz der zeitliche Bezugspunkt (4).

(1) (4) *Ich esse jetzt nichts, weil ich keinen Hunger habe.*
(Ausdruck der Gleichzeitigkeit durch gleiches Tempus)

(2) (4) *Werden Sie uns schreiben oder telefonieren wir demnächst noch einmal miteinander?*
(Ausdruck der Gleichzeitigkeit trotz unterschiedlicher Tempora durch das temporale Adverb *demnächst*)

(3) (4) *Während sie schlief, war ich spazieren gegangen.*
(Ausdruck der Gleichzeitigkeit trotz unterschiedlicher Tempora durch die Konjunktion *während*)

Es gibt drei Möglichkeiten der zeitlichen Abhängigkeit des Nebensatzes vom Hauptsatz: Gleichzeitigkeit, Vorzeitigkeit und Nachzeitigkeit.

>!< Gleichzeitigkeit liegt vor, wenn die Handlungen des Haupt- und des Nebensatzes zum gleichen Zeitpunkt stattfinden/stattfanden (5):

(5) *Wir fragten ihn, was er gerade tat.*

>!< Vorzeitigkeit liegt immer dann vor, wenn die Handlung des Nebensatzes vor der des Hauptsatzes stattgefunden hat (6):

(6) *Die Familie, die wir letztes Jahr im Urlaub kennen gelernt haben, ist nun bei uns zu Besuch.*

>!< Nachzeitigkeit liegt immer dann vor, wenn die Handlung des Nebensatzes nach der des Hauptsatzes stattfindet (7):

(7) *Er arbeitet so viel, weil er den Auftrag bis spätestens Freitag erledigt haben muss.*

Generell dürfen Vergangenheitstempora und Gegenwarts-/Futurtempora nur jeweils untereinander kombiniert werden. Dabei ist zu beachten, dass das Perfekt, neben seiner Funktion als Vergangenheitstempus, auch einen Zukunftsbezug ausdrücken kann. Auch das Futur II kann sich sowohl auf Vergangenes als auch auf Zukünftiges beziehen.

Register der grammatischen Ausdrücke

Dieses Register ist zugleich ein Lexikon der grammatischen Ausdrücke: Bei allen lateinischen Fachbegriffen ist jeweils die deutsche Übersetzung angegeben.

A

Ablaut: regelmäßiger Wechsel des Stammvokals S. 94
Adjektiv: Eigenschaftswort S. 46, S. 61 ff., S. 109
adjektivisch: als Eigenschaftswort gebraucht S. 44
Artikel: Geschlechtswort S. 25 ff., S. 34 ff.
Adverb: Umstandswort S. 132 ff.
adverbial: als Umstandswort gebraucht S. 63
Adverbial: Umstandsbestimmung S. 166 ff.
adversativ: entgegensetzend S. 144
Akkusativ: 4. Fall/„Wen oder Was"-Fall S.18 ff., S. 34 f., S. 42 ff., S. 46 ff., S. 140 ff., S. 161 ff.
Aktiv: Tatform S. 84, S. 122 ff.
anaphorisch: zurückweisend S. 47
asyndetisch: nicht durch eine Konjunktion verbunden S. 179
Attribut: Beifügung S. 170 ff.

B

Beugung: → Deklination → Konjugation S. 7

D

Dativ: 3. Fall/„Wem"-Fall S. 19 ff.,S. 34 ff., S. 42 ff., S. 46 f., S. 140 ff., S. 161 ff.

Deklination: Beugung S. 19 ff., S. 64 ff.
Demonstrativpronomen: hinweisendes Fürwort S. 47 ff., S. 64
disjunktiv: ausgrenzend S. 144

F

feminin: weiblich S. 10 f.
final: den Zweck bezeichnend S. 145, S. 169
finite Verbform: nach Person, Numerus, Tempus, Modus und Genus bestimmte Form des Tätigkeitswortes S. 109 ff.
flektierbar: beugbar/veränderlich S. 7
Flexion → Beugung S. 7
Frage: S. 173 ff., S. 181 ff.
Futur I: Zukunft S. 114
Futur II: vollendete Zukunft S. 114

G

Genitiv: 2. Fall/„Wessen"-Fall – Deklination S. 19 ff., S. 26, S. 34 f., S. 42 ff., S. 64 ff., S. 110 ff., S. 141 f.
Genus: Geschlecht S. 10 ff.
Genus Verbi: Aktionsart S. 122 ff.

H

Hilfsverben: S. 85 ff.

I

Imperativ: Befehlsform S. 122
Indefinitpronomen: unbestimmtes Fürwort S. 59 f.

Indikativ: Wirklichkeitsform S. 115
indirekte Rede: nicht wörtliche/vermittelte Rede S. 119
Infinitiv: Grundform S. 106
infinite Verbform: unbestimmte Form des Tätigkeitswortes S. 106 ff.
instrumental: das Mittel bezeichnend S. 145, S. 169
Interjektion: Ausrufewort S. 150 f.
Interrogativpronomen: fragendes Fürwort S. 57 ff.
intransitiv: nicht zielend/ohne Akkusativobjekt S. 81 ff.
Inversion: Umkehrung der Wortstellung S. 165

K

Kardinalzahl: Grundzahl S. 75 ff.
Kasus: Fall S. 17 f., S. 55 ff., S. 140 f.
kataphorisch: vorausweisend S. 47
kausal: den Grund angebend S. 136 f., S. 145, S. 168
Komparation: Steigerung S. 69 ff.
komparativ: 1. Steigerungsstufe S. 69 ff.
konditional: die Bedingung bezeichnend S. 145, S. 169
Kongruenz: Übereinstimmung S. 42
Konjugation: Beugung des Tätigkeitswortes S. 86 ff., S. 91 ff., S. 96 ff.
Konjunktion: Bindewort S. 144 ff.
Konjunktiv: Möglichkeitsform S. 115 ff., S. 127 ff.
konsekutiv: die Folge bezeichnend S. 145, S. 169
Konsonant: Mitlaut S. 72
konzessiv: einräumend S. 145, S. 170
kopulativ: aneinander reihend S. 144

L

lokal: örtlich S. 167

M

maskulin: männlich S. 10 f.
modal: die Art und Weise bezeichnend S. 89 ff., S. 135 f., S. 145, S. 168
Modalverb: die Art und Weise eines Zustandes näher bestimmendes Tätigkeitswort S. 89 ff.
Modus: Aussageweise S. 115 ff.

N

negierend: verneinend S. 146, S. 177 f.
neutral: sächlich S. 11
Nominativ: 1. Fall/„Wer oder was"-Fall S. 19 ff.,S. 34 f., S. 42 ff., S. 65 ff.
Numerale: Zahlwort S. 75 ff.
Numerus: Zahl S. 13 ff., S. 109 f.

O

Objekt: Ergänzung S. 161 ff.
Ordinalzahl: Ordnungszahl S. 76 f.

P

Partizip I: Mittelwort der Gegenwart S. 106 ff.
Partizip II: Mittelwort der Vergangenheit S. 106 ff.
Passiv: Leideform S. 85, S. 123 ff., S. 130
Perfekt: 2. Vergangenheit S. 112 f.

Personalpronomen: persönliches Fürwort S. 41 ff.
Plural: Mehrzahl S. 13 ff.
Plusquamperfekt: 3. Vergangenheit S. 113 f.
Possessivpronomen: besitzanzeigendes Fürwort S. 44 ff.
Prädikat: Satzaussage S. 157 ff.
Präposition: Verhältniswort S. 140 ff.
Präsens: Gegenwart S. 110 ff.
Präteritum: 1. Vergangenheit/Imperfekt S. 110 ff., S. 126 ff.
Pronomen: Fürwort S. 41 ff.
Pronominaladverb: Umstandsfürwort S. 137 ff.

R

reflexives Verb: rückbezügliches Tätigkeitswort S. 83 f.
Reflexivpronomen: rückbezügliches Fürwort S. 43 f.
Rektion: Eigenschaft von Verben, Adjektiven oder Präpositionen, den Kausus eines abhängigen Wortes im Satz zu bestimmen S. 18
Relativpronomen: bezügliches Fürwort S. 55 f.
Relativsatz: S. 55
restriktiv: einschränkend S. 146

S

Singular: Einzahl S. 13 ff.
Stellung: S. 155
Subjekt: Satzgegenstand S. 154 ff.
Substantiv: Hauptwort S. 10 ff.
substantiviert: zu einem Hauptwort gemacht S. 63, S. 69

substantivisch: als Hauptwort gebraucht S. 44
Superlativ: 2. Steigerungsstufe S. 69 ff.
syndetisch: durch eine Konjunktion verbunden S. 179

T

temporal: die Zeit angebend S. 134 f., S. 145, S. 168
Tempus: Zeit S. 109 ff, S. 125 ff.
transitiv: zielend/mit Akkusativobjekt S. 81 ff.

V

Verb: Tätigkeitswort, Zeitwort S. 81 ff.
Vergangenheit:
1. Vergangenheit: → Präteritum
2. Vergangenheit: → Perfekt
3. Vergangenheit: → Plusquamperfekt
Verneinung: S. 177 f.
Vokal: Selbstlaut S. 94 f., S. 130
Vollverben: S. 81 ff.

Z

Zeitenfolge: S. 185